HEBRÄISCH
WORTSCHATZ

FÜR DAS SELBSTSTUDIUM

DEUTSCH
HEBRÄISCH

Die nützlichsten Wörter
Zur Erweiterung Ihres Wortschatzes und
Verbesserung der Sprachfertigkeit

5000 Wörter

Wortschatz Deutsch-Hebräisch für das Selbststudium - 5000 Wörter
Von Andrey Taranov

T&P Books Vokabelbücher sind dafür vorgesehen, beim Lernen einer Fremdsprache zu helfen, Wörter zu memorieren und zu wiederholen. Das Wörterbuch ist nach Themen aufgeteilt und deckt alle wichtigen Bereiche des täglichen Lebens, Berufs, Wissenschaft, Kultur etc. ab.

Durch das Benutzen der themenbezogenen T&P Books ergeben sich folgende Vorteile für den Lernprozess:

- Sachgemäß geordnete Informationen bestimmen den späteren Erfolg auf den darauffolgenden Stufen der Memorisierung
- Die Verfügbarkeit von Wörtern, die sich aus der gleichen Wurzel ableiten lassen, erlaubt die Memorisierung von Worteinheiten (mehr als bei einzeln stehenden Wörtern)
- Kleine Worteinheiten unterstützen den Aufbauprozess von assoziativen Verbindungen für die Festigung des Wortschatzes
- Die Kenntnis der Sprache kann aufgrund der Anzahl der gelernten Wörter eingeschätzt werden

Copyright © 2018 T&P Books Publishing

Alle Rechte vorbehalten. Auszüge dieses Buches dürfen nicht ohne schriftliche Erlaubnis des Herausgebers abgedruckt oder mit anderen elektronischen oder mechanischen Mitteln, einschließlich Photokopierung, Aufzeichnung oder durch Informationsspeicherung- und Rückgewinnungssysteme, oder in irgendeiner anderen Form verwendet werden.

T&P Books Publishing
www.tpbooks.com

ISBN: 978-1-78716-418-5

Dieses Buch ist auch im E-Book Format erhältlich.
Besuchen Sie uns auch auf www.tpbooks.com oder auf einer der bedeutenden Buchhandlungen online.

WORTSCHATZ DEUTSCH-HEBRÄISCH
für das Selbststudium

Die Vokabelbücher von T&P Books sind dafür vorgesehen, Ihnen beim Lernen einer Fremdsprache zu helfen, Wörter zu memorieren und zu wiederholen. Der Wortschatz enthält über 5000 häufig gebrauchte, thematisch geordnete Wörter.

- Der Wortschatz enthält die am häufigsten benutzten Wörter
- Eignet sich als Ergänzung zu jedem Sprachkurs
- Erfüllt die Bedürfnisse von Anfängern und fortgeschrittenen Lernenden von Fremdsprachen
- Praktisch für den täglichen Gebrauch, zur Wiederholung und um sich selbst zu testen
- Ermöglicht es, Ihren Wortschatz einzuschätzen

Besondere Merkmale des Wortschatzes:

- Wörter sind entsprechend ihrer Bedeutung und nicht alphabetisch organisiert
- Wörter werden in drei Spalten präsentiert, um das Wiederholen und den Selbstüberprüfungsprozess zu erleichtern
- Wortgruppen werden in kleinere Einheiten aufgespalten, um den Lernprozess zu fördern
- Der Wortschatz bietet eine praktische und einfache Lautschrift jedes Wortes der Fremdsprache

Der Wortschatz hat 155 Themen, einschließlich:

Grundbegriffe, Zahlen, Farben, Monate, Jahreszeiten, Maßeinheiten, Kleidung und Accessoires, Essen und Ernährung, Restaurant, Familienangehörige, Verwandte, Charaktereigenschaften, Empfindungen, Gefühle, Krankheiten, Großstadt, Kleinstadt, Sehenswürdigkeiten, Einkaufen, Geld, Haus, Zuhause, Büro, Import & Export, Marketing, Arbeitssuche, Sport, Ausbildung, Computer, Internet, Werkzeug, Natur, Länder, Nationalitäten und vieles mehr...

INHALT

Leitfaden für die Aussprache	9
Abkürzungen	10

GRUNDBEGRIFFE
Grundbegriffe. Teil 1

	11
	11
1. Pronomen	11
2. Grüße. Begrüßungen. Verabschiedungen	11
3. Jemanden ansprechen	12
4. Grundzahlen. Teil 1	12
5. Grundzahlen. Teil 2	13
6. Ordnungszahlen	14
7. Zahlen. Brüche	14
8. Zahlen. Grundrechenarten	14
9. Zahlen. Verschiedenes	15
10. Die wichtigsten Verben. Teil 1	15
11. Die wichtigsten Verben. Teil 2	16
12. Die wichtigsten Verben. Teil 3	17
13. Die wichtigsten Verben. Teil 4	18
14. Farben	19
15. Fragen	19
16. Präpositionen	20
17. Funktionswörter. Adverbien. Teil 1	20
18. Funktionswörter. Adverbien. Teil 2	22

Grundbegriffe. Teil 2 24

19. Wochentage	24
20. Stunden. Tag und Nacht	24
21. Monate. Jahreszeiten	25
22. Maßeinheiten	27
23. Behälter	27

DER MENSCH
Der Mensch. Körper 29

	29
24. Kopf	29
25. Menschlicher Körper	30

Kleidung & Accessoires 31

26. Oberbekleidung. Mäntel	31
27. Men's & women's clothing	31

4

28. Kleidung. Unterwäsche 32
29. Kopfbekleidung 32
30. Schuhwerk 32
31. Persönliche Accessoires 33
32. Kleidung. Verschiedenes 33
33. Kosmetikartikel. Kosmetik 34
34. Armbanduhren Uhren 35

Essen. Ernährung 36

35. Essen 36
36. Getränke 37
37. Gemüse 38
38. Obst. Nüsse 39
39. Brot. Süßigkeiten 40
40. Gerichte 40
41. Gewürze 41
42. Mahlzeiten 42
43. Gedeck 43
44. Restaurant 43

Familie, Verwandte und Freunde 44

45. Persönliche Informationen. Formulare 44
46. Familienmitglieder. Verwandte 44

Medizin 46

47. Krankheiten 46
48. Symptome. Behandlungen. Teil 1 47
49. Symptome. Behandlungen. Teil 2 48
50. Symptome. Behandlungen. Teil 3 49
51. Ärzte 50
52. Medizin. Medikamente. Accessoires 50

LEBENSRAUM DES MENSCHEN 52
Stadt 52

53. Stadt. Leben in der Stadt 52
54. Innerstädtische Einrichtungen 53
55. Schilder 54
56. Innerstädtischer Transport 55
57. Sehenswürdigkeiten 56
58. Shopping 57
59. Geld 58
60. Post. Postdienst 59

Wohnung. Haus. Zuhause 60

61. Haus. Elektrizität 60

62. Villa. Schloss	60
63. Wohnung	60
64. Möbel. Innenausstattung	61
65. Bettwäsche	62
66. Küche	62
67. Bad	63
68. Haushaltsgeräte	64

AKTIVITÄTEN DES MENSCHEN 65
Beruf. Geschäft. Teil 1 65

69. Büro. Arbeiten im Büro	65
70. Geschäftsabläufe. Teil 1	66
71. Geschäftsabläufe. Teil 2	67
72. Fertigung. Arbeiten	68
73. Vertrag. Zustimmung	69
74. Import & Export	70
75. Finanzen	70
76. Marketing	71
77. Werbung	72
78. Bankgeschäft	72
79. Telefon. Telefongespräche	73
80. Mobiltelefon	74
81. Bürobedarf	74
82. Geschäftsarten	74

Arbeit. Geschäft. Teil 2 77

83. Show. Ausstellung	77
84. Wissenschaft. Forschung. Wissenschaftler	78

Berufe und Tätigkeiten 80

85. Arbeitsuche. Kündigung	80
86. Geschäftsleute	80
87. Dienstleistungsberufe	81
88. Militärdienst und Ränge	82
89. Beamte. Priester	83
90. Landwirtschaftliche Berufe	83
91. Künstler	84
92. Verschiedene Berufe	84
93. Beschäftigung. Sozialstatus	86

Ausbildung 87

94. Schule	87
95. Hochschule. Universität	88
96. Naturwissenschaften. Fächer	89
97. Schrift Rechtschreibung	89
98. Fremdsprachen	90

| Erholung. Unterhaltung. Reisen | 92 |

99. Ausflug. Reisen 92
100. Hotel 92

TECHNISCHES ZUBEHÖR. TRANSPORT 94
Technisches Zubehör 94

101. Computer 94
102. Internet. E-Mail 95
103. Elektrizität 96
104. Werkzeug 96

Transport 99

105. Flugzeug 99
106. Zug 100
107. Schiff 101
108. Flughafen 102

Lebensereignisse 104

109. Feiertage. Ereignis 104
110. Bestattungen. Begräbnis 105
111. Krieg. Soldaten 105
112. Krieg. Militärische Aktionen. Teil 1 106
113. Krieg. Militärische Aktionen. Teil 2 108
114. Waffen 109
115. Menschen der Antike 111
116. Mittelalter 111
117. Führungspersonen. Chef. Behörden 113
118. Gesetzesverstoß Verbrecher. Teil 1 114
119. Gesetzesbruch. Verbrecher. Teil 2 115
120. Polizei Recht. Teil 1 116
121. Polizei. Recht. Teil 2 117

NATUR 119
Die Erde. Teil 1 119

122. Weltall 119
123. Die Erde 120
124. Himmelsrichtungen 121
125. Meer. Ozean 121
126. Namen der Meere und Ozeane 122
127. Berge 123
128. Namen der Berge 124
129. Flüsse 124
130. Namen der Flüsse 125
131. Wald 125
132. natürliche Lebensgrundlagen 126

Die Erde. Teil 2 128

133. Wetter 128
134. Unwetter Naturkatastrophen 129

Fauna 130

135. Säugetiere. Raubtiere 130
136. Tiere in freier Wildbahn 130
137. Haustiere 131
138. Vögel 132
139. Fische. Meerestiere 134
140. Amphibien Reptilien 134
141. Insekten 135

Flora 136

142. Bäume 136
143. Büsche 136
144. Obst. Beeren 137
145. Blumen. Pflanzen 138
146. Getreide, Körner 139

LÄNDER. NATIONALITÄTEN 140

147. Westeuropa 140
148. Mittel- und Osteuropa 140
149. Frühere UdSSR Republiken 141
150. Asien 141
151. Nordamerika 142
152. Mittel- und Südamerika 142
153. Afrika 143
154. Australien. Ozeanien 143
155. Städte 143

LEITFADEN FÜR DIE AUSSPRACHE

Name des Buchstaben	Buchstabe	Hebräisch Beispiel	T&P phonetisches Alphabet	Deutsch Beispiel
Aleph	א	אריה	[a], [a:]	da, das
	א	אחד	[ɛ], [ɛ:]	essen
	א	מָאָה	['] (hamza)	Glottisschlag
Beth	ב	בית	[b]	Brille
Gimel	ג	גמל	[g]	gelb
Gimel+Geresch	'ג	ג'ונגל	[dʒ]	Kambodscha
Daleth	ד	דג	[d]	Detektiv
He	ה	הר	[h]	brauchbar
Waw	ו	וסת	[v]	November
Zajin	ז	זאב	[z]	sein
Zajin+Geresch	'ז	ז'ורנל	[ʒ]	Regisseur
Chet	ח	חוט	[x]	billig
Tet	ט	טוב	[t]	still
Jod	י	יום	[j]	Jacke
Kaph	כ ך	בריש	[k]	Kalender
Lamed	ל	לחם	[l]	Juli
Mem	מ ם	מלך	[m]	Mitte
Nun	נ ן	נר	[n]	nicht
Samech	ס	סוס	[s]	sein
Ajin	ע	עין	[a], [a:]	da, das
	ע	תְשָעִים	['] (ayn)	stimmhafte pharyngale Frikativ
Pe	פ ף	פיל	[p]	Polizei
Tzade	צ	צעצוע	[ts]	Gesetz
Tzade+Geresch	'צ'י	צ'ק	[tʃ]	Matsch
Qoph	ק	קוף	[k]	Kalender
Resch	ר	רכבת	[r]	uvulare Vibrant [R]
Sin, Schin	ש	שלחן, עָשָרִים	[s], [ʃ]	sein, Chance
Taw	ת	תפוז	[t]	still

ABKÜRZUNGEN
die im Vokabular verwendet werden

Deutsch. Abkürzungen

Adj	- Adjektiv
Adv	- Adverb
Amtsspr.	- Amtssprache
f	- Femininum
f, n	- Femininum, Neutrum
Fem.	- Femininum
m	- Maskulinum
m, f	- Maskulinum, Femininum
m, n	- Maskulinum, Neutrum
Mask.	- Maskulinum
n	- Neutrum
pl	- Plural
Sg.	- Singular
ugs.	- umgangssprachlich
unzähl.	- unzählbar
usw.	- und so weiter
v mod	- Modalverb
vi	- intransitives Verb
vi, vt	- intransitives, transitives Verb
vt	- transitives Verb
zähl.	- zählbar
z.B.	- zum Beispiel

Hebräisch. Abkürzungen

ז	- Maskulinum
ז"ר	- Maskulinum plural
ז , נ	- Maskulinum, Femininum
נ	- Femininum
נ"ר	- Femininum plural

GRUNDBEGRIFFE

Grundbegriffe. Teil 1

1. Pronomen

ich	ani	אֲנִי (ז, נ)
du (Mask.)	ata	אַתָּה (ז)
du (Fem.)	at	אַתְּ (נ)
er	hu	הוּא (ז)
sie	hi	הִיא (נ)
wir	a'naxnu	אֲנַחְנוּ (ז, נ)
ihr (Mask.)	atem	אַתֶּם (ז"ר)
ihr (Fem.)	aten	אַתֶּן (נ"ר)
Sie (Sg.)	ata, at	אַתָּה (ז), אַתְּ (נ)
Sie (pl)	atem, aten	אַתֶּם (ז"ר), אַתֶּן (נ"ר)
sie (Mask.)	hem	הֵם (ז"ר)
sie (Fem.)	hen	הֵן (נ"ר)

2. Grüße. Begrüßungen. Verabschiedungen

Hallo! (ugs.)	ʃalom!	!שָׁלוֹם
Hallo! (Amtsspr.)	ʃalom!	!שָׁלוֹם
Guten Morgen!	'boker tov!	!בּוֹקֶר טוֹב
Guten Tag!	tsaha'rayim tovim!	!צָהֳרַיִם טוֹבִים
Guten Abend!	'erev tov!	!עֶרֶב טוֹב
grüßen (vi, vt)	lomar ʃalom	לוֹמַר שָׁלוֹם
Hallo! (ugs.)	hai!	!הַיי
Gruß (m)	ahlan	אַהְלָן
begrüßen (vt)	lomar ʃalom	לוֹמַר שָׁלוֹם
Wie geht's?	ma ʃlomxa?	מַה שְׁלוֹמְךָ? (ז)
Wie geht's dir?	ma niʃma?	?מַה נִשְׁמַע
Was gibt es Neues?	ma xadaʃ?	?מַה חָדָשׁ
Auf Wiedersehen!	lehitra'ot!	!לְהִתְרָאוֹת
Wiedersehen! Tschüs!	bai!	!בַּיי
Bis bald!	lehitra'ot bekarov!	!לְהִתְרָאוֹת בְּקָרוֹב
Lebe wohl! Leben Sie wohl!	lehitra'ot!	!לְהִתְרָאוֹת
sich verabschieden	lomar lehitra'ot	לוֹמַר לְהִתְרָאוֹת
Tschüs!	bai!	!בַּיי
Danke!	toda!	!תּוֹדָה
Dankeschön!	toda raba!	!תּוֹדָה רַבָּה
Bitte (Antwort)	bevakaʃa	בְּבַקָשָׁה

Keine Ursache.	al lo davar	עַל לֹא דָבָר
Nichts zu danken.	ein be'ad ma	אֵין בְּעַד מָה
Entschuldige!	sliχa!	סְלִיחָה!
Entschuldigung!	sliχa!	סְלִיחָה!
entschuldigen (vt)	lis'loaχ	לִסְלוֹחַ
sich entschuldigen	lehitnatsel	לְהִתְנַצֵּל
Verzeihung!	ani mitnatsel, ani mitna'tselet	אֲנִי מִתְנַצֵּל (ז), אֲנִי מִתְנַצֶּלֶת (נ)
Es tut mir leid!	ani mitsta'er, ani mitsta"eret	אֲנִי מִצְטַעֵר (ז), אֲנִי מִצְטַעֲרָת (נ)
verzeihen (vt)	lis'loaχ	לִסְלוֹחַ
Das macht nichts!	lo nora	לֹא נוֹרָא
bitte (Die Rechnung, ~!)	bevakaʃa	בְּבַקָּשָׁה
Nicht vergessen!	al tiʃkaχ!	אַל תִּשְׁכַּח! (ז)
Natürlich!	'betaχ!	בֶּטַח!
Natürlich nicht!	'betaχ ʃelo!	בֶּטַח שֶׁלֹא!
Gut! Okay!	okei!	אוֹקֵיי!
Es ist genug!	maspik!	מַסְפִּיק!

3. Jemanden ansprechen

Entschuldigen Sie!	sliχa!	סְלִיחָה!
Herr	adon	אָדוֹן
Frau	gvirti	גְבִרְתִי
Frau (Fräulein)	'gveret	גְבֶרֶת
Junger Mann	baχur tsa'ir	בָּחוּר צָעִיר
Junge	'yeled	יֶלֶד
Mädchen	yalda	יַלְדָה

4. Grundzahlen. Teil 1

null	'efes	אֶפֶס (ז)
eins	eχad	אֶחָד (ז)
eine	aχat	אַחַת (נ)
zwei	'ʃtayim	שְׁתַּיִים (נ)
drei	ʃaloʃ	שָׁלוֹשׁ (נ)
vier	arba	אַרְבַּע (נ)
fünf	χameʃ	חָמֵשׁ (נ)
sechs	ʃeʃ	שֵׁשׁ (נ)
sieben	'ʃeva	שֶׁבַע (נ)
acht	'ʃmone	שְׁמוֹנֶה (נ)
neun	'teʃa	תֵּשַׁע (נ)
zehn	'eser	עֶשֶׂר (נ)
elf	aχat esre	אַחַת-עֶשְׂרֵה (נ)
zwölf	ʃteim esre	שְׁתֵּים-עֶשְׂרֵה (נ)
dreizehn	ʃloʃ esre	שְׁלוֹשׁ-עֶשְׂרֵה (נ)
vierzehn	arba esre	אַרְבַּע-עֶשְׂרֵה (נ)
fünfzehn	χameʃ esre	חָמֵשׁ-עֶשְׂרֵה (נ)
sechzehn	ʃeʃ esre	שֵׁשׁ-עֶשְׂרֵה (נ)

siebzehn	ʃva esre	שְׁבַע-עֶשְׂרֵה (נ)
achtzehn	ʃmone esre	שְׁמוֹנֶה-עֶשְׂרֵה (נ)
neunzehn	tʃa esre	תְּשַׁע-עֶשְׂרֵה (נ)

zwanzig	esrim	עֶשְׂרִים
einundzwanzig	esrim ve'eχad	עֶשְׂרִים וְאֶחָד
zweiundzwanzig	esrim u'ʃnayim	עֶשְׂרִים וּשְׁנַיִים
dreiundzwanzig	esrim uʃloʃa	עֶשְׂרִים וּשְׁלוֹשָׁה

dreißig	ʃloʃim	שְׁלוֹשִׁים
einunddreißig	ʃloʃim ve'eχad	שְׁלוֹשִׁים וְאֶחָד
zweiunddreißig	ʃloʃim u'ʃnayim	שְׁלוֹשִׁים וּשְׁנַיִים
dreiunddreißig	ʃloʃim uʃloʃa	שְׁלוֹשִׁים וּשְׁלוֹשָׁה

vierzig	arba'im	אַרְבָּעִים
einundvierzig	arba'im ve'eχad	אַרְבָּעִים וְאֶחָד
zweiundvierzig	arba'im u'ʃnayim	אַרְבָּעִים וּשְׁנַיִים
dreiundvierzig	arba'im uʃloʃa	אַרְבָּעִים וּשְׁלוֹשָׁה

fünfzig	χamiʃim	חֲמִישִׁים
einundfünfzig	χamiʃim ve'eχad	חֲמִישִׁים וְאֶחָד
zweiundfünfzig	χamiʃim u'ʃnayim	חֲמִישִׁים וּשְׁנַיִים
dreiundfünfzig	χamiʃim uʃloʃa	חֲמִישִׁים וּשְׁלוֹשָׁה

sechzig	ʃiʃim	שִׁישִׁים
einundsechzig	ʃiʃim ve'eχad	שִׁישִׁים וְאֶחָד
zweiundsechzig	ʃiʃim u'ʃnayim	שִׁישִׁים וּשְׁנַיִים
dreiundsechzig	ʃiʃim uʃloʃa	שִׁישִׁים וּשְׁלוֹשָׁה

siebzig	ʃiv'im	שִׁבְעִים
einundsiebzig	ʃiv'im ve'eχad	שִׁבְעִים וְאֶחָד
zweiundsiebzig	ʃiv'im u'ʃnayim	שִׁבְעִים וּשְׁנַיִים
dreiundsiebzig	ʃiv'im uʃloʃa	שִׁבְעִים וּשְׁלוֹשָׁה

achtzig	ʃmonim	שְׁמוֹנִים
einundachtzig	ʃmonim ve'eχad	שְׁמוֹנִים וְאֶחָד
zweiundachtzig	ʃmonim u'ʃnayim	שְׁמוֹנִים וּשְׁנַיִים
dreiundachtzig	ʃmonim uʃloʃa	שְׁמוֹנִים וּשְׁלוֹשָׁה

neunzig	tiʃ'im	תִּשְׁעִים
einundneunzig	tiʃ'im ve'eχad	תִּשְׁעִים וְאֶחָד
zweiundneunzig	tiʃ'im u'ʃayim	תִּשְׁעִים וּשְׁנַיִים
dreiundneunzig	tiʃ'im uʃloʃa	תִּשְׁעִים וּשְׁלוֹשָׁה

5. Grundzahlen. Teil 2

einhundert	'me'a	מֵאָה (נ)
zweihundert	ma'tayim	מָאתַיִים
dreihundert	ʃloʃ me'ot	שְׁלוֹשׁ מֵאוֹת (נ)
vierhundert	arba me'ot	אַרְבַּע מֵאוֹת (נ)
fünfhundert	χameʃ me'ot	חָמֵשׁ מֵאוֹת (נ)

| sechshundert | ʃeʃ me'ot | שֵׁשׁ מֵאוֹת (נ) |
| siebenhundert | ʃva me'ot | שְׁבַע מֵאוֹת (נ) |

achthundert	ʃmone me'ot	שְׁמוֹנֶה מֵאוֹת (נ)
neunhundert	tʃa me'ot	תְּשַׁע מֵאוֹת (נ)
eintausend	'elef	אֶלֶף (ז)
zweitausend	al'payim	אַלְפַּיִם (ז)
dreitausend	'ʃloʃet alafim	שְׁלוֹשֶׁת אֲלָפִים (ז)
zehntausend	a'seret alafim	עֲשֶׂרֶת אֲלָפִים (ז)
hunderttausend	'me'a 'elef	מֵאָה אֶלֶף (ז)
Million (f)	milyon	מִילְיוֹן (ז)
Milliarde (f)	milyard	מִילְיַארְד (ז)

6. Ordnungszahlen

der erste	riʃon	רִאשׁוֹן
der zweite	ʃeni	שֵׁנִי
der dritte	ʃliʃi	שְׁלִישִׁי
der vierte	revi'i	רְבִיעִי
der fünfte	χamiʃi	חֲמִישִׁי
der sechste	ʃiʃi	שִׁישִׁי
der siebte	ʃvi'i	שְׁבִיעִי
der achte	ʃmini	שְׁמִינִי
der neunte	tʃi'i	תְּשִׁיעִי
der zehnte	asiri	עֲשִׂירִי

7. Zahlen. Brüche

Bruch (m)	'ʃever	שֶׁבֶר (ז)
Hälfte (f)	'χetsi	חֲצִי (ז)
Drittel (n)	ʃliʃ	שְׁלִישׁ (ז)
Viertel (n)	'reva	רֶבַע (ז)
Achtel (m, n)	ʃminit	שְׁמִינִית (נ)
Zehntel (n)	asirit	עֲשִׂירִית (נ)
zwei Drittel	ʃnei ʃliʃim	שְׁנֵי שְׁלִישִׁים (ז)
drei Viertel	'ʃloʃet riv'ei	שְׁלוֹשֶׁת רְבָעֵי

8. Zahlen. Grundrechenarten

Subtraktion (f)	χisur	חִיסּוּר (ז)
subtrahieren (vt)	leχaser	לְחַסֵּר
Division (f)	χiluk	חִילּוּק (ז)
dividieren (vt)	leχalek	לְחַלֵּק
Addition (f)	χibur	חִיבּוּר (ז)
addieren (vt)	leχaber	לְחַבֵּר
hinzufügen (vt)	leχaber	לְחַבֵּר
Multiplikation (f)	'kefel	כֶּפֶל (ז)
multiplizieren (vt)	lehaχpil	לְהַכְפִּיל

9. Zahlen. Verschiedenes

Ziffer (f)	sifra	סְפָרָה (נ)
Zahl (f)	mispar	מִסְפָּר (ז)
Zahlwort (n)	ʃem mispar	שֵׁם מִסְפָּר (ז)
Minus (n)	'minus	מִינוּס (ז)
Plus (n)	plus	פְּלוּס (ז)
Formel (f)	nusχa	נוּסחָה (נ)
Berechnung (f)	χiʃuv	חִישוּב (ז)
zählen (vt)	lispor	לִספּוֹר
berechnen (vt)	leχaʃev	לְחַשֵׁב
vergleichen (vt)	lehaʃvot	לְהַשווֹת
Wie viel?	'kama?	כַּמָה?
Wie viele?	'kama?	כַּמָה?
Summe (f)	sχum	סכוּם (ז)
Ergebnis (n)	totsa'a	תוֹצָאָה (נ)
Rest (m)	ʃe'erit	שְׁאֵרִית (נ)
einige (~ Tage)	'kama	כַּמָה
wenig (Adv)	ktsat	קצָת
einige, ein paar	me'at	מְעַט
wenig (es kostet ~)	me'at	מְעַט
Übrige (n)	ʃe'ar	שְׁאָר (ז)
anderthalb	eχad va'χetsi	אֶחָד וָחֵצִי (ז)
Dutzend (n)	tresar	תרֵיסָר (ז)
entzwei (Adv)	'χetsi 'χetsi	חֲצִי חֲצִי
zu gleichen Teilen	ʃave beʃave	שָׁוֶוה בְּשָׁוֶוה
Hälfte (f)	'χetsi	חֲצִי (ז)
Mal (n)	'pa'am	פַּעַם (נ)

10. Die wichtigsten Verben. Teil 1

abbiegen (nach links ~)	lifnot	לִפנוֹת
abschicken (vt)	liʃ'loaχ	לִשלוֹחַ
ändern (vt)	leʃanot	לְשַנוֹת
andeuten (vt)	lirmoz	לִרמוֹז
Angst haben	lefaχed	לְפַחֵד
ankommen (vi)	leha'gi'a	לְהַגִיעַ
antworten (vi)	la'anot	לַעֲנוֹת
arbeiten (vi)	la'avod	לַעֲבוֹד
auf ... zählen	lismoχ al	לִסמוֹך עַל
aufbewahren (vt)	liʃmor	לִשמוֹר
aufschreiben (vt)	lirʃom	לִרשוֹם
ausgehen (vi)	latset	לָצֵאת
aussprechen (vt)	levate	לְבַטֵא
bedauern (vt)	lehitsta'er	לְהִצטַעֵר
bedeuten (vt)	lomar	לוֹמַר
beenden (vt)	lesayem	לְסַיֵים

befehlen (Milit.)	lifkod	לִפְקֹד
befreien (Stadt usw.)	leʃaxrer	לְשַׁחְרֵר
beginnen (vt)	lehatxil	לְהַתְחִיל
bemerken (vt)	lasim lev	לָשִׂים לֵב
beobachten (vt)	litspot, lehaʃkif	לִצְפּוֹת, לְהַשְׁקִיף
berühren (vt)	la'ga'at	לָגַעַת
besitzen (vt)	lihyot 'ba'al ʃel	לִהְיוֹת בַּעַל שֶׁל
besprechen (vt)	ladun	לָדוּן
bestehen auf	lehit'akeʃ	לְהִתְעַקֵּשׁ
bestellen (im Restaurant)	lehazmin	לְהַזְמִין
bestrafen (vt)	leha'aniʃ	לְהַעֲנִישׁ
beten (vi)	lehitpalel	לְהִתְפַּלֵּל
bitten (vt)	levakeʃ	לְבַקֵּשׁ
brechen (vt)	liʃbor	לִשְׁבּוֹר
denken (vi, vt)	laxʃov	לַחְשׁוֹב
drohen (vi)	le'ayem	לְאַיֵּם
Durst haben	lihyot tsame	לִהְיוֹת צָמֵא
einladen (vt)	lehazmin	לְהַזְמִין
einstellen (vt)	lehafsik	לְהַפְסִיק
einwenden (vt)	lehitnaged	לְהִתְנַגֵּד
empfehlen (vt)	lehamlits	לְהַמְלִיץ
erklären (vt)	lehasbir	לְהַסְבִּיר
erlauben (vt)	leharʃot	לְהַרְשׁוֹת
ermorden (vt)	laharog	לַהֲרֹג
erwähnen (vt)	lehazkir	לְהַזְכִּיר
existieren (vi)	lehitkayem	לְהִתְקַיֵּם

11. Die wichtigsten Verben. Teil 2

fallen (vi)	lipol	לִיפּוֹל
fallen lassen	lehapil	לְהַפִּיל
fangen (vt)	litfos	לִתְפֹּס
finden (vt)	limtso	לִמְצֹא
fliegen (vi)	la'uf	לָעוּף
folgen (Folge mir!)	la'akov axarei	לַעֲקֹב אַחֲרֵי
fortsetzen (vt)	lehamʃix	לְהַמְשִׁיךְ
fragen (vt)	liʃ'ol	לִשְׁאֹל
frühstücken (vi)	le'exol aruxat 'boker	לֶאֱכֹל אֲרוּחַת בּוֹקֶר
geben (vt)	latet	לָתֵת
gefallen (vi)	limtso xen be'ei'nayim	לִמְצֹא חֵן בָּעֵינַיִים
gehen (zu Fuß gehen)	la'lexet	לָלֶכֶת
gehören (vi)	lehiʃtayex	לְהִשְׁתַּיֵּיךְ
graben (vt)	laxpor	לַחְפֹּר
haben (vt)	lehaxzik	לְהַחְזִיק
helfen (vi)	la'azor	לַעֲזֹר
herabsteigen (vi)	la'redet	לָרֶדֶת
hereinkommen (vi)	lehikanes	לְהִיכָּנֵס

hoffen (vi)	lekavot	לְקַוּוֹת
hören (vt)	liʃmo'a	לִשְׁמוֹעַ
hungrig sein	lihyot ra'ev	לִהְיוֹת רָעֵב
informieren (vt)	leho'dia	לְהוֹדִיעַ
jagen (vi)	latsud	לָצוּד
kennen (vt)	lehakir et	לְהַכִּיר אֶת
klagen (vi)	lehitlonen	לְהִתְלוֹנֵן
können (v mod)	yaχol	יָכוֹל
kontrollieren (vt)	liʃlot	לִשְׁלוֹט
kosten (vt)	la'alot	לַעֲלוֹת
kränken (vt)	leha'aliv	לְהַעֲלִיב
lächeln (vi)	leχayeχ	לְחַיֵּךְ
lachen (vi)	litsχok	לִצְחוֹק
laufen (vi)	laruts	לָרוּץ
leiten (Betrieb usw.)	lenahel	לְנַהֵל
lernen (vt)	lilmod	לִלְמוֹד
lesen (vi, vt)	likro	לִקְרוֹא
lieben (vt)	le'ehov	לֶאֱהוֹב
machen (vt)	la'asot	לַעֲשׂוֹת
mieten (Haus usw.)	liskor	לִשְׂכּוֹר
nehmen (vt)	la'kaχat	לָקַחַת
noch einmal sagen	laχazor al	לַחֲזוֹר עַל
nötig sein	lehidareʃ	לְהִידָרֵשׁ
öffnen (vt)	lif'toaχ	לִפְתּוֹחַ

12. Die wichtigsten Verben. Teil 3

planen (vt)	letaχnen	לְתַכְנֵן
prahlen (vi)	lehitravrev	לְהִתְרַבְרֵב
raten (vt)	leya'ets	לְיָיעֵץ
rechnen (vt)	lispor	לִסְפּוֹר
reservieren (vt)	lehazmin meroʃ	לְהַזְמִין מֵרֹאשׁ
retten (vt)	lehatsil	לְהַצִּיל
richtig raten (vt)	lenaχeʃ	לְנַחֵשׁ
rufen (um Hilfe ~)	likro	לִקְרוֹא
sagen (vt)	lomar	לוֹמַר
schaffen (Etwas Neues zu ~)	litsor	לִיצוֹר
schelten (vt)	linzof	לִנְזוֹף
schießen (vi)	lirot	לִירוֹת
schmücken (vt)	lekaʃet	לְקַשֵּׁט
schreiben (vi, vt)	liχtov	לִכְתּוֹב
schreien (vi)	lits'ok	לִצְעוֹק
schweigen (vi)	liʃtok	לִשְׁתּוֹק
schwimmen (vi)	lisχot	לִשְׂחוֹת
schwimmen gehen	lehitraχets	לְהִתְרַחֵץ
sehen (vi, vt)	lir'ot	לִרְאוֹת
sein (vi)	lihyot	לִהְיוֹת

| sich beeilen | lemaher | לְמַהֵר |
| sich entschuldigen | lehitnatsel | לְהִתְנַצֵּל |

sich interessieren	lehit'anyen be…	לְהִתְעַנְיֵן בְּ…
sich irren	lit'ot	לִטְעוֹת
sich setzen	lehityaʃev	לְהִתְיַשֵּׁב
sich weigern	lesarev	לְסָרֵב
spielen (vi, vt)	lesaxek	לְשַׂחֵק

sprechen (vi)	ledaber	לְדַבֵּר
staunen (vi)	lehitpale	לְהִתְפַּלֵּא
stehlen (vt)	lignov	לִגְנוֹב
stoppen (vt)	la'atsor	לַעֲצוֹר
suchen (vt)	lexapes	לְחַפֵּשׂ

13. Die wichtigsten Verben. Teil 4

täuschen (vt)	leramot	לְרַמּוֹת
teilnehmen (vi)	lehiʃtatef	לְהִשְׁתַּתֵּף
übersetzen (Buch usw.)	letargem	לְתַרְגֵּם
unterschätzen (vt)	leham'it be"erex	לְהַמְעִיט בְּעֵרֶךְ
unterschreiben (vt)	laxtom	לַחְתוֹם

vereinigen (vt)	le'axed	לְאַחֵד
vergessen (vt)	liʃkoax	לִשְׁכּוֹחַ
vergleichen (vt)	lehaʃvot	לְהַשְׁווֹת
verkaufen (vt)	limkor	לִמְכּוֹר
verlangen (vt)	lidroʃ	לִדְרוֹשׁ

versäumen (vt)	lehaxsir	לְהַחְסִיר
versprechen (vt)	lehav'tiax	לְהַבְטִיחַ
verstecken (vt)	lehastir	לְהַסְתִּיר
verstehen (vt)	lehavin	לְהָבִין
versuchen (vt)	lenasot	לְנַסּוֹת

verteidigen (vt)	lehagen	לְהָגֵן
vertrauen (vi)	liv'toax	לִבְטוֹחַ
verwechseln (vt)	lehitbalbel	לְהִתְבַּלְבֵּל
verzeihen (vi, vt)	lis'loax	לִסְלוֹחַ
verzeihen (vt)	lis'loax	לִסְלוֹחַ
voraussehen (vt)	laxazot	לַחְזוֹת

vorschlagen (vt)	leha'tsi'a	לְהַצִּיעַ
vorziehen (vt)	leha'adif	לְהַעֲדִיף
wählen (vt)	livxor	לִבְחוֹר
warnen (vt)	lehazhir	לְהַזְהִיר
warten (vi)	lehamtin	לְהַמְתִּין
weinen (vi)	livkot	לִבְכּוֹת

wissen (vt)	la'da'at	לָדַעַת
Witz machen	lehitba'deax	לְהִתְבַּדֵּחַ
wollen (vt)	lirtsot	לִרְצוֹת
zahlen (vt)	leʃalem	לְשַׁלֵּם
zeigen (jemandem etwas)	lehar'ot	לְהַרְאוֹת

zu Abend essen	le'exol aruxat 'erev	לֶאֱכוֹל אֲרוּחַת עֶרֶב
zu Mittag essen	le'exol aruxat tsaha'rayim	לֶאֱכוֹל אֲרוּחַת צָהֳרַיִם
zubereiten (vt)	levaʃel	לְבַשֵּׁל
zustimmen (vi)	lehaskim	לְהַסְכִּים
zweifeln (vi)	lefakpek	לְפַקְפֵּק

14. Farben

Farbe (f)	'tseva	צֶבַע (ז)
Schattierung (f)	gavan	גָּוֶן (ז)
Farbton (m)	gavan	גָּוֶן (ז)
Regenbogen (m)	'keʃet	קֶשֶׁת (נ)

weiß	lavan	לָבָן
schwarz	ʃaxor	שָׁחוֹר
grau	afor	אָפוֹר

grün	yarok	יָרוֹק
gelb	tsahov	צָהוֹב
rot	adom	אָדוֹם

blau	kaxol	כָּחוֹל
hellblau	taxol	תְּכוֹל
rosa	varod	וָרוֹד
orange	katom	כָּתוֹם
violett	segol	סָגוֹל
braun	xum	חוּם

golden	zahov	זָהוֹב
silbrig	kasuf	כָּסוּף

beige	beʒ	בֶּז'
cremefarben	be'tseva krem	בְּצֶבַע קְרֶם
türkis	turkiz	טוּרְקִיז
kirschrot	bordo	בּוֹרְדוֹ
lila	segol	סָגוֹל
himbeerrot	patol	פָּטוֹל

hell	bahir	בָּהִיר
dunkel	kehe	כֵּהֶה
grell	bohek	בּוֹהֵק

Farb- (z.B. -stifte)	tsiv'oni	צִבְעוֹנִי
Farb- (z.B. -film)	tsiv'oni	צִבְעוֹנִי
schwarz-weiß	ʃaxor lavan	שָׁחוֹר־לָבָן
einfarbig	xad tsiv'i	חַד־צִבְעִי
bunt	sasgoni	סַסְגּוֹנִי

15. Fragen

Wer?	mi?	מִי?
Was?	ma?	מָה?

Wo?	'eifo?	איפה?
Wohin?	le'an?	לאן?
Woher?	me''eifo?	מאיפה?
Wann?	matai?	מתי?
Wozu?	'lama?	למה?
Warum?	ma'du'a?	מדוע?
Wofür?	biʃvil ma?	בשביל מה?
Wie?	eix, keitsad?	כיצד? איך?
Welcher?	'eize?	איזה?
Wem?	lemi?	למי?
Über wen?	al mi?	על מי?
Wovon? (~ sprichst du?)	al ma?	על מה?
Mit wem?	im mi?	עם מי?
Wie viel? Wie viele?	'kama?	כמה?
Wessen?	ʃel mi?	של מי?

16. Präpositionen

mit (Frau ~ Katzen)	im	עם
ohne (~ Dich)	bli, lelo	בלי, ללא
nach (~ London)	le...	ל...
über (~ Geschäfte sprechen)	al	על
vor (z.B. ~ acht Uhr)	lifnei	לפני
vor (z.B. ~ dem Haus)	lifnei	לפני
unter (~ dem Schirm)	mi'taxat le...	מתחת ל...
über (~ dem Meeresspiegel)	me'al	מעל
auf (~ dem Tisch)	al	על
aus (z.B. ~ München)	mi, me	מ, מ
aus (z.B. ~ Porzellan)	mi, me	מ, מ
in (~ zwei Tagen)	tox	תוך
über (~ zaun)	'derex	דרך

17. Funktionswörter. Adverbien. Teil 1

Wo?	'eifo?	איפה?
hier	po, kan	פה, כאן
dort	ʃam	שם
irgendwo	'eifo ʃehu	איפה שהוא
nirgends	beʃum makom	בשום מקום
an (bei)	leyad ...	ליד ...
am Fenster	leyad haxalon	ליד החלון
Wohin?	le'an?	לאן?
hierher	'hena, lekan	הנה; לכאן
dahin	leʃam	לשם

von hier	mikan	מִכָּאן
von da	miʃam	מִשָּׁם
nah (Adv)	karov	קָרוֹב
weit, fern (Adv)	raxok	רָחוֹק
in der Nähe von …	leyad	לְיַד
in der Nähe	karov	קָרוֹב
unweit (~ unseres Hotels)	lo raxok	לֹא רָחוֹק
link (Adj)	smali	שְׂמָאלִי
links (Adv)	mismol	מִשְּׂמֹאל
nach links	'smola	שְׂמֹאלָה
recht (Adj)	yemani	יְמָנִי
rechts (Adv)	miyamin	מִיָּמִין
nach rechts	ya'mina	יָמִינָה
vorne (Adv)	mika'dima	מִקָּדִימָה
Vorder-	kidmi	קִדְמִי
vorwärts	ka'dima	קָדִימָה
hinten (Adv)	me'axor	מֵאָחוֹר
von hinten	me'axor	מֵאָחוֹר
rückwärts (Adv)	a'xora	אֲחוֹרָה
Mitte (f)	'emtsa	אֶמְצַע (ז)
in der Mitte	ba''emtsa	בָּאֶמְצַע
seitlich (Adv)	mehatsad	מֵהַצַּד
überall (Adv)	bexol makom	בְּכָל מָקוֹם
ringsherum (Adv)	misaviv	מִסָּבִיב
von innen (Adv)	mibifnim	מִבִּפְנִים
irgendwohin (Adv)	le'an ʃehu	לְאָן שֶׁהוּא
geradeaus (Adv)	yaʃar	יָשָׁר
zurück (Adv)	baxazara	בַּחֲזָרָה
irgendwoher (Adv)	me'ei ʃam	מֵאֵי שָׁם
von irgendwo (Adv)	me'ei ʃam	מֵאֵי שָׁם
erstens	reʃit	רֵאשִׁית
zweitens	ʃenit	שֵׁנִית
drittens	ʃliʃit	שְׁלִישִׁית
plötzlich (Adv)	pit'om	פִּתְאוֹם
zuerst (Adv)	behatslaxa	בְּהַתְחָלָה
zum ersten Mal	lariʃona	לָרִאשׁוֹנָה
lange vor…	zman rav lifnei …	זְמַן רַב לִפְנֵי …
von Anfang an	mexadaʃ	מֵחָדָשׁ
für immer	letamid	לְתָמִיד
nie (Adv)	af 'pa'am, me'olam	מֵעוֹלָם, אַף פַּעַם
wieder (Adv)	ʃuv	שׁוּב
jetzt (Adv)	axʃav, ka'et	עַכְשָׁיו, כָּעֵת
oft (Adv)	le'itim krovot	לְעִיתִּים קְרוֹבוֹת

damals (Adv)	az	אָז
dringend (Adv)	bidxifut	בִּדְחִיפוּת
gewöhnlich (Adv)	be'derex klal	בְּדֶרֶךְ כְּלָל
übrigens, …	'derex 'agav	דֶּרֶךְ אַגַּב
möglicherweise (Adv)	efʃari	אֶפְשָׁרִי
wahrscheinlich (Adv)	kanir'e	כַּנִּרְאֶה
vielleicht (Adv)	ulai	אוּלַי
außerdem …	xuts mize …	חוּץ מִזֶּה …
deshalb …	laxen	לָכֵן
trotz …	lamrot …	לַמְרוֹת …
dank …	hodot le…	הוֹדוֹת לְ…
was (~ ist denn?)	ma	מָה
das (~ ist alles)	ʃe	שֶׁ
etwas	'maʃehu	מַשֶּׁהוּ
irgendwas	'maʃehu	מַשֶּׁהוּ
nichts	klum	כְּלוּם
wer (~ ist ~?)	mi	מִי
jemand	'miʃehu, 'miʃehi	מִישֶׁהוּ (ז), מִישֶׁהִי (נ)
irgendwer	'miʃehu, 'miʃehi	מִישֶׁהוּ (ז), מִישֶׁהִי (נ)
niemand	af exad, af axat	אַף אֶחָד (ז), אַף אַחַת (נ)
nirgends	leʃum makom	לְשׁוּם מָקוֹם
niemandes (~ Eigentum)	lo ʃayax le'af exad	לֹא שַׁיָּךְ לְאַף אֶחָד
jemandes	ʃel 'miʃehu	שֶׁל מִישֶׁהוּ
so (derart)	kol kax	כָּל־כָּךְ
auch	gam	גַּם
ebenfalls	gam	גַּם

18. Funktionswörter. Adverbien. Teil 2

Warum?	ma'du'a?	מַדּוּעַ?
aus irgendeinem Grund	miʃum ma	מִשּׁוּם־מָה
weil …	miʃum ʃe	מִשּׁוּם שֶׁ
zu irgendeinem Zweck	lematara 'kolʃehi	לְמַטָּרָה כָּלְשֶׁהִי
und	ve …	וְ …
oder	o	אוֹ
aber	aval, ulam	אֲבָל, אוּלָם
für (präp)	biʃvil	בִּשְׁבִיל
zu (~ viele)	yoter midai	יוֹתֵר מִדַּי
nur (~ einmal)	rak	רַק
genau (Adv)	bediyuk	בְּדִיּוּק
etwa	be"erex	בְּעֶרֶךְ
ungefähr (Adv)	be"erex	בְּעֶרֶךְ
ungefähr (Adj)	meʃo'ar	מְשֹׁעָר
fast	kim'at	כִּמְעַט
Übrige (n)	ʃe'ar	שְׁאָר (ז)
der andere	axer	אַחֵר

andere	axer	אַחֵר
jeder (~ Mann)	kol	כֹּל
beliebig (Adj)	kolʃehu	כָּלְשֶׁהוּ
viel	harbe	הַרְבֵּה
viele Menschen	harbe	הַרְבֵּה
alle (wir ~)	kulam	כּוּלָם
im Austausch gegen …	tmurat …	תמוּרַת …
dafür (Adv)	bitmura	בִּתמוּרָה
mit der Hand (Hand-)	bayad	בַּיָד
schwerlich (Adv)	safek im	סָפֵק אִם
wahrscheinlich (Adv)	karov levadai	קָרוֹב לְוַודַאי
absichtlich (Adv)	'davka	דַווקָא
zufällig (Adv)	bemikre	בְּמִקְרֶה
sehr (Adv)	me'od	מְאוֹד
zum Beispiel	lemaʃal	לְמָשָׁל
zwischen	bein	בֵּין
unter (Wir sind ~ Mördern)	be'kerev	בְּקֶרֶב
so viele (~ Ideen)	kol kax harbe	כָּל־כָּך הַרְבֵּה
besonders (Adv)	bimyuxad	בִּמיוּחָד

Grundbegriffe. Teil 2

19. Wochentage

Montag (m)	yom ʃeni	יוֹם שֵׁנִי (ז)
Dienstag (m)	yom ʃliʃi	יוֹם שְׁלִישִׁי (ז)
Mittwoch (m)	yom revi'i	יוֹם רְבִיעִי (ז)
Donnerstag (m)	yom xamiʃi	יוֹם חֲמִישִׁי (ז)
Freitag (m)	yom ʃiʃi	יוֹם שִׁישִׁי (ז)
Samstag (m)	ʃabat	שַׁבָּת (נ)
Sonntag (m)	yom riʃon	יוֹם רִאשׁוֹן (ז)
heute	hayom	הַיוֹם
morgen	maxar	מָחָר
übermorgen	maxara'tayim	מָחֳרָתַיִים
gestern	etmol	אֶתמוֹל
vorgestern	ʃilʃom	שִׁלשׁוֹם
Tag (m)	yom	יוֹם (ז)
Arbeitstag (m)	yom avoda	יוֹם עֲבוֹדָה (ז)
Feiertag (m)	yom xag	יוֹם חַג (ז)
freier Tag (m)	yom menuxa	יוֹם מְנוּחָה (ז)
Wochenende (n)	sof ʃa'vu'a	סוֹף שָׁבוּעַ
den ganzen Tag	kol hayom	כָּל הַיוֹם
am nächsten Tag	lamaxarat	לַמָחֳרָת
zwei Tage vorher	lifnei yo'mayim	לִפנֵי יוֹמַיִים
am Vortag	'erev	עֶרֶב
täglich (Adj)	yomyomi	יוֹמיוֹמִי
täglich (Adv)	midei yom	מְדֵי יוֹם
Woche (f)	ʃa'vua	שָׁבוּעַ (ז)
letzte Woche	baʃa'vu'a ʃe'avar	בַּשָׁבוּעַ שֶׁעָבַר
nächste Woche	baʃa'vu'a haba	בַּשָׁבוּעַ הַבָּא
wöchentlich (Adj)	ʃvu'i	שְׁבוּעִי
wöchentlich (Adv)	kol ʃa'vu'a	כָּל שָׁבוּעַ
zweimal pro Woche	pa'a'mayim beʃa'vu'a	פַּעֲמַיִים בְּשָׁבוּעַ
jeden Dienstag	kol yom ʃliʃi	כָּל יוֹם שְׁלִישִׁי

20. Stunden. Tag und Nacht

Morgen (m)	'boker	בּוֹקֶר (ז)
morgens	ba'boker	בַּבּוֹקֶר
Mittag (m)	tsaha'rayim	צָהֳרַיִים (ז״ר)
nachmittags	axar hatsaha'rayim	אַחַר הַצָהֳרַיִים
Abend (m)	'erev	עֶרֶב (ז)
abends	ba"erev	בָּעֶרֶב

Nacht (f)	'laila	לַיְלָה (ז)
nachts	ba'laila	בַּלַיְלָה
Mitternacht (f)	χatsot	חֲצוֹת (נ)
Sekunde (f)	ʃniya	שְׁנִיָּה (נ)
Minute (f)	daka	דַּקָּה (נ)
Stunde (f)	ʃa'a	שָׁעָה (נ)
eine halbe Stunde	χatsi ʃa'a	חֲצִי שָׁעָה (נ)
Viertelstunde (f)	'reva ʃa'a	רֶבַע שָׁעָה (ז)
fünfzehn Minuten	χameʃ esre dakot	חָמֵשׁ עֶשְׂרֵה דַקּוֹת
Tag und Nacht	yemama	יְמָמָה (נ)
Sonnenaufgang (m)	zriχa	זְרִיחָה (נ)
Morgendämmerung (f)	'ʃaχar	שַׁחַר (ז)
früher Morgen (m)	'ʃaχar	שַׁחַר (ז)
Sonnenuntergang (m)	ʃki'a	שְׁקִיעָה (נ)
früh am Morgen	mukdam ba'boker	מוּקְדָּם בַּבּוֹקֶר
heute Morgen	ha'boker	הַבּוֹקֶר
morgen früh	maχar ba'boker	מָחָר בַּבּוֹקֶר
heute Mittag	hayom aχarei hatzaha'rayim	הַיּוֹם אַחֲרֵי הַצָּהֳרַיִים
nachmittags	aχar hatsaha'rayim	אַחַר הַצָּהֳרַיִים
morgen Nachmittag	maχar aχarei hatsaha'rayim	מָחָר אַחֲרֵי הַצָּהֳרַיִים
heute Abend	ha"erev	הָעֶרֶב
morgen Abend	maχar ba"erev	מָחָר בָּעֶרֶב
Punkt drei Uhr	baʃa'a ʃaloʃ bediyuk	בְּשָׁעָה שָׁלוֹשׁ בְּדִיּוּק
gegen vier Uhr	bisvivot arba	בִּסְבִיבוֹת אַרְבַּע
um zwölf Uhr	ad ʃteim esre	עַד שְׁתֵּים־עֶשְׂרֵה
in zwanzig Minuten	be'od esrim dakot	בְּעוֹד עֶשְׂרִים דַּקּוֹת
in einer Stunde	be'od ʃa'a	בְּעוֹד שָׁעָה
rechtzeitig (Adv)	bazman	בַּזְּמַן
Viertel vor …	'reva le…	רֶבַע לְ…
innerhalb einer Stunde	toχ ʃa'a	תּוֹךְ שָׁעָה
alle fünfzehn Minuten	kol 'reva ʃa'a	כָּל רֶבַע שָׁעָה
Tag und Nacht	misaviv laʃa'on	מִסָּבִיב לַשָּׁעוֹן

21. Monate. Jahreszeiten

Januar (m)	'yanu'ar	יָנוּאָר (ז)
Februar (m)	'febru'ar	פֶבְּרוּאָר (ז)
März (m)	merts	מֶרְץ (ז)
April (m)	april	אַפְּרִיל (ז)
Mai (m)	mai	מַאי (ז)
Juni (m)	'yuni	יוּנִי (ז)
Juli (m)	'yuli	יוּלִי (ז)
August (m)	'ogust	אוֹגוּסְט (ז)
September (m)	sep'tember	סֶפְּטֶמְבֶּר (ז)
Oktober (m)	ok'tober	אוֹקְטוֹבֶּר (ז)

November (m)	no'vember	נוֹבֶמְבֶּר (ז)
Dezember (m)	de'tsember	דֶּצֶמְבֶּר (ז)
Frühling (m)	aviv	אָבִיב (ז)
im Frühling	ba'aviv	בָּאָבִיב
Frühlings-	avivi	אֲבִיבִי
Sommer (m)	'kayits	קַיִץ (ז)
im Sommer	ba'kayits	בַּקַיִץ
Sommer-	ketsi	קֵיצִי
Herbst (m)	stav	סְתָיו (ז)
im Herbst	bestav	בַּסְתָיו
Herbst-	stavi	סְתָוִוי
Winter (m)	'χoref	חוֹרֶף (ז)
im Winter	ba'χoref	בַּחוֹרֶף
Winter-	χorpi	חוֹרְפִּי
Monat (m)	'χodeʃ	חוֹדֶשׁ (ז)
in diesem Monat	ha'χodeʃ	הַחוֹדֶשׁ
nächsten Monat	ba'χodeʃ haba	בַּחוֹדֶשׁ הַבָּא
letzten Monat	ba'χodeʃ ʃe'avar	בַּחוֹדֶשׁ שֶׁעָבַר
vor einem Monat	lifnei 'χodeʃ	לִפְנֵי חוֹדֶשׁ
über eine Monat	be'od 'χodeʃ	בְּעוֹד חוֹדֶשׁ
in zwei Monaten	be'od χod'ʃayim	בְּעוֹד חוֹדְשַׁיִים
den ganzen Monat	kol ha'χodeʃ	כָּל הַחוֹדֶשׁ
monatlich (Adj)	χodʃi	חוֹדְשִׁי
monatlich (Adv)	χodʃit	חוֹדְשִׁית
jeden Monat	kol 'χodeʃ	כָּל חוֹדֶשׁ
zweimal pro Monat	pa'a'mayim be'χodeʃ	פַּעֲמַיִים בְּחוֹדֶשׁ
Jahr (n)	ʃana	שָׁנָה (נ)
dieses Jahr	haʃana	הַשָׁנָה
nächstes Jahr	baʃana haba'a	בַּשָׁנָה הַבָּאָה
voriges Jahr	baʃana ʃe'avra	בַּשָׁנָה שֶׁעָבְרָה
vor einem Jahr	lifnei ʃana	לִפְנֵי שָׁנָה
in einem Jahr	be'od ʃana	בְּעוֹד שָׁנָה
in zwei Jahren	be'od ʃna'tayim	בְּעוֹד שְׁנָתַיִים
das ganze Jahr	kol haʃana	כָּל הַשָׁנָה
jedes Jahr	kol ʃana	כָּל שָׁנָה
jährlich (Adj)	ʃnati	שְׁנָתִי
jährlich (Adv)	midei ʃana	מִדֵי שָׁנָה
viermal pro Jahr	arba pa'amim be'χodeʃ	אַרְבַּע פְּעָמִים בְּחוֹדֶשׁ
Datum (heutige ~)	ta'ariχ	תַאֲרִיךְ (ז)
Datum (Geburts-)	ta'ariχ	תַאֲרִיךְ (ז)
Kalender (m)	'luaχ ʃana	לוּחַ שָׁנָה (ז)
ein halbes Jahr	χatsi ʃana	חֲצִי שָׁנָה (ז)
Halbjahr (n)	ʃiʃa χodaʃim, χatsi ʃana	חֲצִי שָׁנָה, שִׁישָׁה חוֹדָשִׁים
Saison (f)	ona	עוֹנָה (נ)
Jahrhundert (n)	'me'a	מֵאָה (נ)

22. Maßeinheiten

Gewicht (n)	miʃkal	מִשְׁקָל (ז)
Länge (f)	'orex	אוֹרֶךְ (ז)
Breite (f)	'roxav	רוֹחַב (ז)
Höhe (f)	'gova	גוֹבַהּ (ז)
Tiefe (f)	'omek	עוֹמֶק (ז)
Volumen (n)	'nefax	נֶפַח (ז)
Fläche (f)	'ʃetax	שֶׁטַח (ז)
Gramm (n)	gram	גְרָם (ז)
Milligramm (n)	miligram	מִילִיגְרָם (ז)
Kilo (n)	kilogram	קִילוֹגְרָם (ז)
Tonne (f)	ton	טוֹן (ז)
Pfund (n)	'pa'und	פָּאוּנד (ז)
Unze (f)	'unkiya	אוּנְקִיָה (נ)
Meter (m)	'meter	מֶטֶר (ז)
Millimeter (m)	mili'meter	מִילִימֶטֶר (ז)
Zentimeter (m)	senti'meter	סַנְטִימֶטֶר (ז)
Kilometer (m)	kilo'meter	קִילוֹמֶטֶר (ז)
Meile (f)	mail	מַייל (ז)
Zoll (m)	intʃ	אִינְצ' (ז)
Fuß (m)	'regel	רֶגֶל (נ)
Yard (n)	yard	יַרד (ז)
Quadratmeter (m)	'meter ra'vu'a	מֶטֶר רָבוּעַ (ז)
Hektar (n)	hektar	הֶקְטָר (ז)
Liter (m)	litr	לִיטֶר (ז)
Grad (m)	ma'ala	מַעֲלָה (נ)
Volt (n)	volt	וֹולט (ז)
Ampere (n)	amper	אַמְפֶּר (ז)
Pferdestärke (f)	'koax sus	כּוֹחַ סוּס (ז)
Anzahl (f)	kamut	כַּמוּת (נ)
etwas ...	ktsat ...	קְצָת ...
Hälfte (f)	'xetsi	חֲצִי (ז)
Dutzend (n)	tresar	תְרֵיסָר (ז)
Stück (n)	yexida	יְחִידָה (נ)
Größe (f)	'godel	גוֹדֶל (ז)
Maßstab (m)	kne mida	קְנֵה מִידָה (ז)
minimal (Adj)	mini'mali	מִינִימָאלִי
der kleinste	hakatan beyoter	הַקָטָן בְּיוֹתֵר
mittler, mittel-	memutsa	מְמוּצָע
maximal (Adj)	maksi'mali	מַקסִימָלִי
der größte	hagadol beyoter	הַגָדוֹל בְּיוֹתֵר

23. Behälter

Glas (Einmachglas)	tsin'tsenet	צִנְצֶנֶת (נ)
Dose (z.B. Bierdose)	paxit	פַּחִית (נ)

Eimer (m)	dli	דְּלִי (ז)
Fass (n), Tonne (f)	xavit	חָבִית (נ)
Waschschüssel (n)	gigit	גִּיגִית (נ)
Tank (m)	meixal	מֵיכָל (ז)
Flachmann (m)	meimiya	מֵימִיָּה (נ)
Kanister (m)	'dʒerikan	גֶ'רִיקָן (ז)
Zisterne (f)	mexalit	מֵיכָלִית (נ)
Kaffeebecher (m)	'sefel	סֵפֶל (ז)
Tasse (f)	'sefel	סֵפֶל (ז)
Untertasse (f)	taxtit	תַּחְתִּית (נ)
Wasserglas (n)	kos	כּוֹס (נ)
Weinglas (n)	ga'vi'a	גָּבִיעַ (ז)
Kochtopf (m)	sir	סִיר (ז)
Flasche (f)	bakbuk	בַּקְבּוּק (ז)
Flaschenhals (m)	tsavar habakbuk	צַוַּאר הַבַּקְבּוּק (ז)
Karaffe (f)	kad	כַּד (ז)
Tonkrug (m)	kankan	קַנְקַן (ז)
Gefäß (n)	kli	כְּלִי (ז)
Tontopf (m)	sir 'xeres	סִיר חֶרֶס (ז)
Vase (f)	agartal	אֲגַרְטָל (ז)
Flakon (n)	tsloxit	צְלוֹחִית (נ)
Fläschchen (n)	bakbukon	בַּקְבּוּקוֹן (ז)
Tube (z.B. Zahnpasta)	ʃfo'feret	שְׁפוֹפֶרֶת (נ)
Sack (~ Kartoffeln)	sak	שַׂק (ז)
Tüte (z.B. Plastiktüte)	sakit	שַׂקִּית (נ)
Schachtel (f) (z.B. Zigaretten~)	xafisa	חֲפִיסָה (נ)
Karton (z.B. Schuhkarton)	kufsa	קוּפְסָה (נ)
Kiste (z.B. Bananenkiste)	argaz	אַרְגָּז (ז)
Korb (m)	sal	סַל (ז)

DER MENSCH

Der Mensch. Körper

24. Kopf

Kopf (m)	roʃ	רֹאשׁ (ז)
Gesicht (n)	panim	פָּנִים (ז"ר)
Nase (f)	af	אַף (ז)
Mund (m)	pe	פֶּה (ז)
Auge (n)	'ayin	עַיִן (נ)
Augen (pl)	ei'nayim	עֵינַיִים (נ"ר)
Pupille (f)	iʃon	אִישׁוֹן (ז)
Augenbraue (f)	gaba	גַּבָּה (נ)
Wimper (f)	ris	רִיס (ז)
Augenlid (n)	af'af	עַפְעַף (ז)
Zunge (f)	laʃon	לָשׁוֹן (נ)
Zahn (m)	ʃen	שֵׁן (נ)
Lippen (pl)	sfa'tayim	שְׂפָתַיִים (נ"ר)
Backenknochen (pl)	atsamot leXa'yayim	עַצְמוֹת לְחָיַיִם (נ"ר)
Zahnfleisch (n)	xani'xayim	חֲנִיכַיִים (ז"ר)
Gaumen (m)	xex	חֵךְ (ז)
Nasenlöcher (pl)	nexi'rayim	נְחִירַיִים (ז"ר)
Kinn (n)	santer	סַנְטֵר (ז)
Kiefer (m)	'leset	לֶסֶת (נ)
Wange (f)	'lexi	לֶחִי (נ)
Stirn (f)	'metsax	מֵצַח (ז)
Schläfe (f)	raka	רַקָּה (נ)
Ohr (n)	'ozen	אוֹזֶן (נ)
Nacken (m)	'oref	עוֹרֶף (ז)
Hals (m)	tsavar	צַוָּאר (ז)
Kehle (f)	garon	גָּרוֹן (ז)
Haare (pl)	se'ar	שֵׂיעָר (ז)
Frisur (f)	tis'roket	תִּסְרוֹקֶת (נ)
Haarschnitt (m)	tis'poret	תִּסְפּוֹרֶת (נ)
Perücke (f)	pe'a	פֵּאָה (נ)
Schnurrbart (m)	safam	שָׂפָם (ז)
Bart (m)	zakan	זָקָן (ז)
haben (einen Bart ~)	legadel	לְגַדֵּל
Zopf (m)	tsama	צַמָּה (נ)
Backenbart (m)	pe'ot lexa'yayim	פֵּאוֹת לְחָיַיִם (נ"ר)
rothaarig	'dʒindʒi	ג׳ינג׳י
grau	kasuf	כָּסוּף

kahl	ke'reax	קֵירֵחַ (ז)
Glatze (f)	ka'raxat	קָרַחַת (נ)
Pferdeschwanz (m)	'kuku	קוּקוּ (ז)
Pony (Ponyfrisur)	'poni	פּוֹנִי (ז)

25. Menschlicher Körper

Hand (f)	kaf yad	כַּף יָד (נ)
Arm (m)	yad	יָד (נ)
Finger (m)	'etsba	אֶצְבַּע (נ)
Zehe (f)	'bohen	בּוֹהֶן (נ)
Daumen (m)	agudal	אֲגוּדָל (ז)
kleiner Finger (m)	'zeret	זֶרֶת (נ)
Nagel (m)	tsi'poren	צִיפּוֹרֶן (ז)
Faust (f)	egrof	אֶגְרוֹף (ז)
Handfläche (f)	kaf yad	כַּף יָד (נ)
Handgelenk (n)	ʃoreʃ kaf hayad	שׁוֹרֶשׁ כַּף הַיָד (ז)
Unterarm (m)	ama	אַמָה (נ)
Ellbogen (m)	marpek	מַרְפֵּק (ז)
Schulter (f)	katef	כָּתֵף (נ)
Bein (n)	'regel	רֶגֶל (נ)
Fuß (m)	kaf 'regel	כַּף רֶגֶל (נ)
Knie (n)	'berex	בֶּרֶךְ (נ)
Wade (f)	ʃok	שׁוֹק (ז)
Hüfte (f)	yarex	יָרֵךְ (ז)
Ferse (f)	akev	עָקֵב (ז)
Körper (m)	guf	גוּף (ז)
Bauch (m)	'beten	בֶּטֶן (נ)
Brust (f)	xaze	חָזֶה (ז)
Busen (m)	ʃad	שַׁד (ז)
Seite (f), Flanke (f)	tsad	צַד (ז)
Rücken (m)	gav	גַב (ז)
Kreuz (n)	mot'nayim	מוֹתְנַיִים (ז"ר)
Taille (f)	'talya	טַלְיָה (נ)
Nabel (m)	tabur	טַבּוּר (ז)
Gesäßbacken (pl)	axo'rayim	אֲחוֹרַיִים (ז"ר)
Hinterteil (n)	yaʃvan	יַשְׁבָן (ז)
Leberfleck (m)	nekudat xen	נְקוּדַת חֵן (נ)
Muttermal (n)	'ketem leida	כֶּתֶם לֵידָה (ז)
Tätowierung (f)	ka'a'ku'a	קַעֲקוּעַ (ז)
Narbe (f)	tsa'leket	צַלֶקֶת (נ)

Kleidung & Accessoires

26. Oberbekleidung. Mäntel

Kleidung (f)	bgadim	בְּגָדִים (ז"ר)
Oberkleidung (f)	levuʃ elyon	לְבוּשׁ עֶלְיוֹן (ז)
Winterkleidung (f)	bigdei 'χoref	בִּגְדֵי חוֹרֶף (ז"ר)
Mantel (m)	me'il	מְעִיל (ז)
Pelzmantel (m)	me'il parva	מְעִיל פַּרְוָה (ז)
Pelzjacke (f)	me'il parva katsar	מְעִיל פַּרְוָה קָצָר (ז)
Daunenjacke (f)	me'il puχ	מְעִיל פּוּךְ (ז)
Jacke (z.B. Lederjacke)	me'il katsar	מְעִיל קָצָר (ז)
Regenmantel (m)	me'il 'geʃem	מְעִיל גֶּשֶׁם (ז)
wasserdicht	amid be'mayim	עָמִיד בְּמַיִם

27. Men's & women's clothing

Hemd (n)	χultsa	חוּלְצָה (נ)
Hose (f)	miχna'sayim	מִכְנָסַיִים (ז"ר)
Jeans (pl)	miχnesei 'dʒins	מִכְנְסֵי גִ'ינְס (ז"ר)
Jackett (n)	ʒaket	זָ'קֶט (ז)
Anzug (m)	χalifa	חֲלִיפָה (נ)
Damenkleid (n)	simla	שִׂמְלָה (נ)
Rock (m)	χatsa'it	חֲצָאִית (נ)
Bluse (f)	χultsa	חוּלְצָה (נ)
Strickjacke (f)	ʒaket 'tsemer	זָ'קֶט צֶמֶר (ז)
Jacke (Damen Kostüm)	ʒaket	זָ'קֶט (ז)
T-Shirt (n)	ti ʃert	טִי שֶׁרְט (ז)
Shorts (pl)	miχna'sayim ktsarim	מִכְנָסַיִים קְצָרִים (ז"ר)
Sportanzug (m)	'trening	טְרֶנִינְג (ז)
Bademantel (m)	χaluk raχatsa	חָלוּק רַחֲצָה (ז)
Schlafanzug (m)	pi'dʒama	פִּיגָ'מָה (נ)
Sweater (m)	'sveder	סְווֶדֶר (ז)
Pullover (m)	afuda	אֲפוּדָה (נ)
Weste (f)	vest	וֶסְט (ז)
Frack (m)	frak	פְרָאק (ז)
Smoking (m)	tuk'sido	טוּקְסִידוֹ (ז)
Uniform (f)	madim	מַדִּים (ז"ר)
Arbeitskleidung (f)	bigdei avoda	בִּגְדֵי עֲבוֹדָה (ז"ר)
Overall (m)	sarbal	סַרְבָּל (ז)
Kittel (z.B. Arztkittel)	χaluk	חָלוּק (ז)

28. Kleidung. Unterwäsche

Unterwäsche (f)	levanim	לְבָנִים (ז"ר)
Herrenslip (m)	taχtonim	תַחְתוֹנִים (ז"ר)
Damenslip (m)	taχtonim	תַחְתוֹנִים (ז"ר)
Unterhemd (n)	gufiya	גוּפִייָה (נ)
Socken (pl)	gar'bayim	גַרְבַּיִים (ז"ר)
Nachthemd (n)	'ktonet 'laila	כְּתוֹנֶת לַיְלָה (נ)
Büstenhalter (m)	χaziya	חֲזִייָה (נ)
Kniestrümpfe (pl)	birkon	בִּרְכּוֹן (ז)
Strumpfhose (f)	garbonim	גַרְבּוֹנִים (ז"ר)
Strümpfe (pl)	garbei 'nailon	גַרְבֵּי נַיְלוֹן (ז"ר)
Badeanzug (m)	'beged yam	בֶּגֶד יָם (ז)

29. Kopfbekleidung

Mütze (f)	'kova	כּוֹבַע (ז)
Filzhut (m)	'kova 'leved	כּוֹבַע לֶבֶד (ז)
Baseballkappe (f)	'kova 'beisbol	כּוֹבַע בֵּייסְבּוֹל (ז)
Schiebermütze (f)	'kova mitsχiya	כּוֹבַע מִצְחִייָה (ז)
Baskenmütze (f)	baret	בֶּרֶט (ז)
Kapuze (f)	bardas	בַּרְדָס (ז)
Panamahut (m)	'kova 'tembel	כּוֹבַע טֶמְבֶּל (ז)
Strickmütze (f)	'kova 'gerev	כּוֹבַע גֶרֶב (ז)
Kopftuch (n)	mit'paχat	מִטְפַּחַת (נ)
Damenhut (m)	'kova	כּוֹבַע (ז)
Schutzhelm (m)	kasda	קַסְדָה (נ)
Feldmütze (f)	kumta	כּוּמְתָה (נ)
Helm (z.B. Motorradhelm)	kasda	קַסְדָה (נ)
Melone (f)	mig'ba'at me'u'gelet	מִגְבַּעַת מְעוּגֶלֶת (נ)
Zylinder (m)	tsi'linder	צִילִינְדֶר (ז)

30. Schuhwerk

Schuhe (pl)	han'ala	הַנְעָלָה (נ)
Stiefeletten (pl)	na'a'layim	נַעֲלַיִים (נ"ר)
Halbschuhe (pl)	na'a'layim	נַעֲלַיִים (נ"ר)
Stiefel (pl)	maga'fayim	מַגָפַיִים (ז"ר)
Hausschuhe (pl)	na'alei 'bayit	נַעֲלֵי בַּיִת (נ"ר)
Tennisschuhe (pl)	na'alei sport	נַעֲלֵי סְפּוֹרְט (נ"ר)
Leinenschuhe (pl)	na'alei sport	נַעֲלֵי סְפּוֹרְט (נ"ר)
Sandalen (pl)	sandalim	סַנְדָלִים (ז"ר)
Schuster (m)	sandlar	סַנְדְלָר (ז)
Absatz (m)	akev	עָקֵב (ז)

Paar (n)	zug	זוּג (ז)
Schnürsenkel (m)	sroχ	שְׂרוֹךְ (ז)
schnüren (vt)	lisroχ	לִשְׂרוֹךְ
Schuhlöffel (m)	kaf na'a'layim	כַּף נַעֲלַיִים (נ)
Schuhcreme (f)	mifχat na'a'layim	מִשְׁחַת נַעֲלַיִים (נ)

31. Persönliche Accessoires

Handschuhe (pl)	kfafot	כְּפָפוֹת (נ״ר)
Fausthandschuhe (pl)	kfafot	כְּפָפוֹת (נ״ר)
Schal (Kaschmir-)	tsa'if	צָעִיף (ז)
Brille (f)	mifka'fayim	מִשְׁקָפַיִים (ז״ר)
Brillengestell (n)	mis'geret	מִסְגֶרֶת (נ)
Regenschirm (m)	mitriya	מִטְרִיָיה (נ)
Spazierstock (m)	makel haliχa	מַקֵל הֲלִיכָה (ז)
Haarbürste (f)	miv'refet se'ar	מִבְרֶשֶׁת שֵׂיעָר (נ)
Fächer (m)	menifa	מְנִיפָה (נ)
Krawatte (f)	aniva	עֲנִיבָה (נ)
Fliege (f)	anivat parpar	עֲנִיבַת פַּרְפַּר (נ)
Hosenträger (pl)	ktefiyot	כְּתֵפִיוֹת (נ״ר)
Taschentuch (n)	mimχata	מִמְחָטָה (נ)
Kamm (m)	masrek	מַסְרֵק (ז)
Haarspange (f)	sikat rof	סִיכַּת רֹאשׁ (נ)
Haarnadel (f)	sikat se'ar	סִיכַּת שֵׂעָר (נ)
Schnalle (f)	avzam	אַבְזָם (ז)
Gürtel (m)	χagora	חֲגוֹרָה (נ)
Umhängegurt (m)	retsu'at katef	רְצוּעַת כָּתֵף (נ)
Tasche (f)	tik	תִיק (ז)
Handtasche (f)	tik	תִיק (ז)
Rucksack (m)	tarmil	תַרְמִיל (ז)

32. Kleidung. Verschiedenes

Mode (f)	ofna	אוֹפְנָה (נ)
modisch	ofnati	אוֹפְנָתִי
Modedesigner (m)	me'atsev ofna	מְעַצֵב אוֹפְנָה (ז)
Kragen (m)	tsavaron	צַוָוארוֹן (ז)
Tasche (f)	kis	כִּיס (ז)
Taschen-	fel kis	שֶׁל כִּיס
Ärmel (m)	farvul	שַׁרְווּל (ז)
Aufhänger (m)	mitle	מִתְלֶה (ז)
Hosenschlitz (m)	χanut	חָנוּת (נ)
Reißverschluss (m)	roχsan	רוֹכְסָן (ז)
Verschluss (m)	'keres	קֶרֶס (ז)
Knopf (m)	kaftor	כַּפְתוֹר (ז)

Knopfloch (n)	lula'a	לוּלָאָה (נ)
abgehen (Knopf usw.)	lehitalef	לְהִיתָּלֵשׁ
nähen (vi, vt)	litpor	לִתְפּוֹר
sticken (vt)	lirkom	לִרְקוֹם
Stickerei (f)	rikma	רִקְמָה (נ)
Nadel (f)	'maχat tfira	מַחַט תְּפִירָה (נ)
Faden (m)	χut	חוּט (ז)
Naht (f)	'tefer	תֶּפֶר (ז)
sich beschmutzen	lehitlaχleχ	לְהִתְלַכְלֵךְ
Fleck (m)	'ketem	כֶּתֶם (ז)
sich knittern	lehitkamet	לְהִתְקַמֵט
zerreißen (vt)	lik'ro‘a	לִקְרוֹעַ
Motte (f)	aʃ	עָשׁ (ז)

33. Kosmetikartikel. Kosmetik

Zahnpasta (f)	miʃχat ʃi'nayim	מִשְׁחַת שִׁינַּיִים (נ)
Zahnbürste (f)	miv'reʃet ʃi'nayim	מִבְרֶשֶׁת שִׁינַּיִים (נ)
Zähne putzen	letsaχ'tseaχ ʃi'nayim	לְצַחְצֵחַ שִׁינַּיִים
Rasierer (m)	'ta'ar	תַּעַר (ז)
Rasiercreme (f)	'ketsef gi'luaχ	קֶצֶף גִילוּחַ (ז)
sich rasieren	lehitga'leaχ	לְהִתְגַלֵחַ
Seife (f)	sabon	סַבּוֹן (ז)
Shampoo (n)	ʃampu	שַׁמְפּוּ (ז)
Schere (f)	mispa'rayim	מִסְפָּרַיִים (ז"ר)
Nagelfeile (f)	ptsira	פְּצִירָה (נ)
Nagelzange (f)	gozez tsipor'nayim	גוֹזֵז צִיפּוֹרְנַיִים (ז)
Pinzette (f)	pin'tseta	פִּינְצֶטָה (נ)
Kosmetik (f)	tamrukim	תַּמְרוּקִים (ז"ר)
Gesichtsmaske (f)	maseχa	מַסֵכָה (נ)
Maniküre (f)	manikur	מָנִיקוּר (ז)
Maniküre machen	la‘asot manikur	לַעֲשׂוֹת מָנִיקוּר
Pediküre (f)	pedikur	פֶּדִיקוּר (ז)
Kosmetiktasche (f)	tik ipur	תִּיק אִיפּוּר (ז)
Puder (m)	'pudra	פּוּדְרָה (נ)
Puderdose (f)	pudriya	פּוּדְרִיָה (נ)
Rouge (n)	'somek	סוֹמֶק (ז)
Parfüm (n)	'bosem	בּוֹשֶׂם (ז)
Duftwasser (n)	mei 'bosem	מֵי בּוֹשֶׂם (ז"ר)
Lotion (f)	mei panim	מֵי פָּנִים (ז"ר)
Kölnischwasser (n)	mei 'bosem	מֵי בּוֹשֶׂם (ז"ר)
Lidschatten (m)	tslalit	צְלָלִית (נ)
Kajalstift (m)	ai 'lainer	אַיי לַיינֶר (ז)
Wimperntusche (f)	'maskara	מַסְקָרָה (נ)
Lippenstift (m)	sfaton	שְׂפָתוֹן (ז)

Nagellack (m)	'laka letsipor'nayim	לַכָּה לְצִיפּוֹרְנַיִים (נ)
Haarlack (m)	tarsis lese'ar	תַרְסִיס לְשֵׂיעָר (ז)
Deodorant (n)	de'odo'rant	דֵאוֹדוֹרַנְט (ז)
Creme (f)	krem	קְרֶם (ז)
Gesichtscreme (f)	krem panim	קְרֶם פָּנִים (ז)
Handcreme (f)	krem ya'dayim	קְרֶם יָדַיִים (ז)
Anti-Falten-Creme (f)	krem 'neged kmatim	קְרֶם נֶגֶד קְמָטִים (ז)
Tagescreme (f)	krem yom	קְרֶם יוֹם (ז)
Nachtcreme (f)	krem 'laila	קְרֶם לַיְלָה (ז)
Tages-	yomi	יוֹמִי
Nacht-	leili	לֵילִי
Tampon (m)	tampon	טַמְפּוֹן (ז)
Toilettenpapier (n)	neyar tu'alet	נְיָיר טוּאָלֶט (ז)
Föhn (m)	meyabeʃ se'ar	מְיַבֵּשׁ שֵׂיעָר (ז)

34. Armbanduhren Uhren

Armbanduhr (f)	ʃe'on yad	שְׁעוֹן יָד (ז)
Zifferblatt (n)	'luaχ ʃa'on	לוּחַ שָׁעוֹן (ז)
Zeiger (m)	maχog	מָחוֹג (ז)
Metallarmband (n)	tsamid	צָמִיד (ז)
Uhrenarmband (n)	retsu'a leʃa'on	רְצוּעָה לְשָׁעוֹן (נ)
Batterie (f)	solela	סוֹלְלָה (נ)
verbraucht sein	lehitroken	לְהִתְרוֹקֵן
die Batterie wechseln	lehaχlif	לְהַחֲלִיף
vorgehen (vi)	lemaher	לְמַהֵר
nachgehen (vi)	lefager	לְפַגֵּר
Wanduhr (f)	ʃe'on kir	שְׁעוֹן קִיר (ז)
Sanduhr (f)	ʃe'on χol	שְׁעוֹן חוֹל (ז)
Sonnenuhr (f)	ʃe'on 'ʃemeʃ	שְׁעוֹן שֶׁמֶשׁ (ז)
Wecker (m)	ʃa'on me'orer	שְׁעוֹן מְעוֹרֵר (ז)
Uhrmacher (m)	ʃa'an	שָׁעָן (ז)
reparieren (vt)	letaken	לְתַקֵּן

Essen. Ernährung

35. Essen

Fleisch (n)	basar	בָּשָׂר (ז)
Hühnerfleisch (n)	of	עוֹף (ז)
Küken (n)	pargit	פַּרְגִית (נ)
Ente (f)	barvaz	בַּרְוָז (ז)
Gans (f)	avaz	אַוָז (ז)
Wild (n)	'tsayid	צַיִד (ז)
Pute (f)	'hodu	הוֹדוּ (ז)
Schweinefleisch (n)	basar χazir	בְּשַׂר חֲזִיר (ז)
Kalbfleisch (n)	basar 'egel	בְּשַׂר עֵגֶל (ז)
Hammelfleisch (n)	basar 'keves	בְּשַׂר כֶּבֶשׂ (ז)
Rindfleisch (n)	bakar	בָּקָר (ז)
Kaninchenfleisch (n)	arnav	אַרְנָב (ז)
Wurst (f)	naknik	נַקְנִיק (ז)
Würstchen (n)	naknikiya	נַקְנִיקִיָה (נ)
Schinkenspeck (m)	'kotel χazir	קוֹתֶל חֲזִיר (ז)
Schinken (m)	basar χazir me'uʃan	בְּשַׂר חֲזִיר מְעוּשָׁן (ז)
Räucherschinken (m)	'kotel χazir me'uʃan	קוֹתֶל חֲזִיר מְעוּשָׁן (ז)
Pastete (f)	pate	פָּטֶה (ז)
Leber (f)	kaved	כָּבֵד (ז)
Hackfleisch (n)	basar taχun	בְּשַׂר טָחוּן (ז)
Zunge (f)	laʃon	לָשׁוֹן (נ)
Ei (n)	beitsa	בֵּיצָה (נ)
Eier (pl)	beitsim	בֵּיצִים (נ"ר)
Eiweiß (n)	χelbon	חֶלְבּוֹן (ז)
Eigelb (n)	χelmon	חֶלְמוֹן (ז)
Fisch (m)	dag	דָג (ז)
Meeresfrüchte (pl)	perot yam	פֵּירוֹת יָם (ז"ר)
Krebstiere (pl)	sartana'im	סַרְטָנָאִים (ז"ר)
Kaviar (m)	kavyar	קָוְויָאר (ז)
Krabbe (f)	sartan yam	סַרְטָן יָם (ז)
Garnele (f)	ʃrimps	שְׁרִימְפְּס (ז"ר)
Auster (f)	tsidpat ma'aχal	צִדְפַּת מַאֲכָל (נ)
Languste (f)	'lobster kotsani	לוֹבְּסְטֶר קוֹצָנִי (ז)
Krake (m)	tamnun	תַּמְנוּן (ז)
Kalmar (m)	kala'mari	קָלָמָארִי (ז)
Störfleisch (n)	basar haχidkan	בְּשַׂר הַחִדְקָן (ז)
Lachs (m)	'salmon	סַלְמוֹן (ז)
Heilbutt (m)	putit	פּוּטִית (נ)
Dorsch (m)	ʃibut	שִׁיבּוּט (ז)

Makrele (f)	kolyas	קוֹלְיָס (ז)
Tunfisch (m)	'tuna	טוּנָה (נ)
Aal (m)	tslofaχ	צְלוֹפַח (ז)

Forelle (f)	forel	פוֹרֶל (ז)
Sardine (f)	sardin	סַרְדִין (ז)
Hecht (m)	ze'ev 'mayim	זְאֵב מַיִם (ז)
Hering (m)	ma'liaχ	מָלִיחַ (ז)

Brot (n)	'leχem	לֶחֶם (ז)
Käse (m)	gvina	גְבִינָה (נ)
Zucker (m)	sukar	סוּכָּר (ז)
Salz (n)	'melaχ	מֶלַח (ז)

Reis (m)	'orez	אוֹרֶז (ז)
Teigwaren (pl)	'pasta	פַּסְטָה (נ)
Nudeln (pl)	irtiyot	אִטְרִיוֹת (נ"ר)

Butter (f)	χem'a	חֶמְאָה (נ)
Pflanzenöl (n)	ʃemen tsimχi	שֶׁמֶן צִמְחִי (ז)
Sonnenblumenöl (n)	ʃemen χamaniyot	שֶׁמֶן חַמָנִיוֹת (ז)
Margarine (f)	marga'rina	מַרְגָרִינָה (נ)

| Oliven (pl) | zeitim | זֵיתִים (ז"ר) |
| Olivenöl (n) | ʃemen 'zayit | שֶׁמֶן זַיִת (ז) |

Milch (f)	χalav	חָלָב (ז)
Kondensmilch (f)	χalav merukaz	חָלָב מְרוּכָּז (ז)
Joghurt (m)	'yogurt	יוֹגוּרְט (ז)
saure Sahne (f)	ʃa'menet	שַׁמֶנֶת (נ)
Sahne (f)	ʃa'menet	שַׁמֶנֶת (נ)

| Mayonnaise (f) | mayonez | מָיוֹנֵז (ז) |
| Buttercreme (f) | ka'tsefet χem'a | קַצֶפֶת חֶמְאָה (נ) |

Grütze (f)	grisim	גְרִיסִים (ז"ר)
Mehl (n)	'kemaχ	קֶמַח (ז)
Konserven (pl)	ʃimurim	שִׁימוּרִים (ז"ר)

Maisflocken (pl)	ptitei 'tiras	פְּתִיתֵי תִירָס (ז"ר)
Honig (m)	dvaʃ	דְבַשׁ (ז)
Marmelade (f)	riba	רִיבָּה (נ)
Kaugummi (m, n)	'mastik	מַסְטִיק (ז)

36. Getränke

Wasser (n)	'mayim	מַיִם (ז"ר)
Trinkwasser (n)	mei ʃtiya	מֵי שְׁתִיָה (ז"ר)
Mineralwasser (n)	'mayim mine'raliyim	מַיִם מִינֶרָלִיִים (ז"ר)

still	lo mugaz	לֹא מוּגָז
mit Kohlensäure	mugaz	מוּגָז
mit Gas	mugaz	מוּגָז
Eis (n)	'keraχ	קֶרַח (ז)

mit Eis	im 'kerax	עִם קֶרַח
alkoholfrei (Adj)	natul alkohol	נְטוּל אַלְכּוֹהוֹל
alkoholfreies Getränk (n)	maʃke kal	מַשְׁקֶה קַל (ז)
Erfrischungsgetränk (n)	maʃke mera'anen	מַשְׁקֶה מְרַעֲנֵן (ז)
Limonade (f)	limo'nada	לִימוֹנָדָה (נ)
Spirituosen (pl)	maʃka'ot xarifim	מַשְׁקָאוֹת חֲרִיפִים (ז"ר)
Wein (m)	'yayin	יַיִן (ז)
Weißwein (m)	'yayin lavan	יַיִן לָבָן (ז)
Rotwein (m)	'yayin adom	יַיִן אָדוֹם (ז)
Likör (m)	liker	לִיקֶר (ז)
Champagner (m)	ʃam'panya	שַׁמְפַּנְיָה (נ)
Wermut (m)	'vermut	וֶרְמוּט (ז)
Whisky (m)	'viski	וִיסְקִי (ז)
Wodka (m)	'vodka	וֹדְקָה (נ)
Gin (m)	dʒin	גִ'ין (ז)
Kognak (m)	'konyak	קוֹנְיָאק (ז)
Rum (m)	rom	רוֹם (ז)
Kaffee (m)	kafe	קָפֶה (ז)
schwarzer Kaffee (m)	kafe ʃaxor	קָפֶה שָׁחוֹר (ז)
Milchkaffee (m)	kafe hafux	קָפֶה הָפוּךְ (ז)
Cappuccino (m)	kapu'tʃino	קָפּוּצִ'ינוֹ (ז)
Pulverkaffee (m)	kafe names	קָפֶה נָמֵס (ז)
Milch (f)	xalav	חָלָב (ז)
Cocktail (m)	kokteil	קוֹקְטֵיל (ז)
Milchcocktail (m)	'milkʃeik	מִילְקְשֵׁייק (ז)
Saft (m)	mits	מִיץ (ז)
Tomatensaft (m)	mits agvaniyot	מִיץ עַגְבָנִיוֹת (ז)
Orangensaft (m)	mits tapuzim	מִיץ תַּפּוּזִים (ז)
frisch gepresster Saft (m)	mits saxut	מִיץ סָחוּט (ז)
Bier (n)	'bira	בִּירָה (נ)
Helles (n)	'bira bahira	בִּירָה בְּהִירָה (נ)
Dunkelbier (n)	'bira keha	בִּירָה כֵּהָה (נ)
Tee (m)	te	תֵּה (ז)
schwarzer Tee (m)	te ʃaxor	תֵּה שָׁחוֹר (ז)
grüner Tee (m)	te yarok	תֵּה יָרוֹק (ז)

37. Gemüse

Gemüse (n)	yerakot	יְרָקוֹת (ז"ר)
grünes Gemüse (pl)	'yerek	יֶרֶק (ז)
Tomate (f)	agvaniya	עַגְבָנִיָּה (נ)
Gurke (f)	melafefon	מְלָפְפוֹן (ז)
Karotte (f)	'gezer	גֶּזֶר (ז)
Kartoffel (f)	ta'puax adama	תַּפּוּחַ אֲדָמָה (ז)
Zwiebel (f)	batsal	בָּצָל (ז)

Knoblauch (m)	ʃum	שׁוּם (ז)
Kohl (m)	kruv	כְּרוּב (ז)
Blumenkohl (m)	kruvit	כְּרוּבִית (נ)
Rosenkohl (m)	kruv nitsanim	כְּרוּב נִצָּנִים (ז)
Brokkoli (m)	'brokoli	בְּרוֹקוֹלִי (ז)
Rote Bete (f)	'selek	סֶלֶק (ז)
Aubergine (f)	χatsil	חָצִיל (ז)
Zucchini (f)	kiʃu	קִישׁוּא (ז)
Kürbis (m)	'dla'at	דְּלַעַת (נ)
Rübe (f)	'lefet	לֶפֶת (נ)
Petersilie (f)	petro'zilya	פֶּטְרוֹזִילְיָה (נ)
Dill (m)	ʃamir	שָׁמִיר (ז)
Kopf Salat (m)	'χasa	חַסָּה (נ)
Sellerie (m)	'seleri	סֶלֶרִי (ז)
Spargel (m)	aspa'ragos	אַסְפָּרָגוֹס (ז)
Spinat (m)	'tered	תֶּרֶד (ז)
Erbse (f)	afuna	אֲפוּנָה (נ)
Bohnen (pl)	pol	פּוֹל (ז)
Mais (m)	'tiras	תִּירָס (ז)
weiße Bohne (f)	ʃu'it	שְׁעוּעִית (נ)
Paprika (m)	'pilpel	פִּלְפֵּל (ז)
Radieschen (n)	tsnonit	צְנוֹנִית (נ)
Artischocke (f)	artiʃok	אַרְטִישׁוֹק (ז)

38. Obst. Nüsse

Frucht (f)	pri	פְּרִי (ז)
Apfel (m)	ta'puaχ	תַּפּוּחַ (ז)
Birne (f)	agas	אַגָּס (ז)
Zitrone (f)	limon	לִימוֹן (ז)
Apfelsine (f)	tapuz	תַּפּוּז (ז)
Erdbeere (f)	tut sade	תּוּת שָׂדֶה (ז)
Mandarine (f)	klemen'tina	קְלֶמֶנְטִינָה (נ)
Pflaume (f)	ʃezif	שְׁזִיף (ז)
Pfirsich (m)	afarsek	אֲפַרְסֵק (ז)
Aprikose (f)	'miʃmeʃ	מִשְׁמֵשׁ (ז)
Himbeere (f)	'petel	פֶּטֶל (ז)
Ananas (f)	'ananas	אֲנָנָס (ז)
Banane (f)	ba'nana	בָּנָנָה (נ)
Wassermelone (f)	ava'tiaχ	אֲבַטִּיחַ (ז)
Weintrauben (pl)	anavim	עֲנָבִים (ז"ר)
Sauerkirsche (f)	duvdevan	דֻּבְדְּבָן (ז)
Süßkirsche (f)	gudgedan	גּוּדְגְּדָן (ז)
Melone (f)	melon	מֶלוֹן (ז)
Grapefruit (f)	eʃkolit	אֶשְׁכּוֹלִית (נ)
Avocado (f)	avo'kado	אֲבוֹקָדוֹ (ז)
Papaya (f)	pa'paya	פַּפָּאיָה (נ)

Mango (f)	'mango	מַנְגוֹ (ז)
Granatapfel (m)	rimon	רִימוֹן (ז)
rote Johannisbeere (f)	dumdemanit aduma	דּוּמְדְּמָנִית אֲדוּמָּה (נ)
schwarze Johannisbeere (f)	dumdemanit ʃxora	דּוּמְדְּמָנִית שְׁחוֹרָה (נ)
Stachelbeere (f)	xazarzar	חֲזַרְזַר (ז)
Heidelbeere (f)	uxmanit	אוּכְמָנִית (נ)
Brombeere (f)	'petel ʃaxor	פֶּטֶל שָׁחוֹר (ז)
Rosinen (pl)	tsimukim	צִימּוּקִים (ז״ר)
Feige (f)	te'ena	תְּאֵנָה (נ)
Dattel (f)	tamar	תָּמָר (ז)
Erdnuss (f)	botnim	בּוֹטְנִים (ז״ר)
Mandel (f)	ʃaked	שָׁקֵד (ז)
Walnuss (f)	egoz 'melex	אֱגוֹז מֶלֶךְ (ז)
Haselnuss (f)	egoz ilsar	אֱגוֹז אִלְסָר (ז)
Kokosnuss (f)	'kokus	קוֹקוּס (ז)
Pistazien (pl)	'fistuk	פִּיסְטוּק (ז)

39. Brot. Süßigkeiten

Konditorwaren (pl)	mutsrei kondi'torya	מוּצְרֵי קוֹנְדִיטוֹרְיָה (ז״ר)
Brot (n)	'lexem	לֶחֶם (ז)
Keks (m, n)	ugiya	עוּגִיָּה (נ)
Schokolade (f)	'ʃokolad	שׁוֹקוֹלָד (ז)
Schokoladen-	mi'ʃokolad	מִשׁוֹקוֹלָד
Bonbon (m, n)	sukariya	סוּכָּרִיָּה (נ)
Kuchen (m)	uga	עוּגָה (נ)
Torte (f)	uga	עוּגָה (נ)
Kuchen (Apfel-)	pai	פַּאי (ז)
Füllung (f)	milui	מִילּוּי (ז)
Konfitüre (f)	riba	רִיבָּה (נ)
Marmelade (f)	marme'lada	מַרְמֶלָדָה (נ)
Waffeln (pl)	'vaflim	וַפְלִים (ז״ר)
Eis (n)	'glida	גְּלִידָה (נ)
Pudding (m)	'puding	פּוּדִינְג (ז)

40. Gerichte

Gericht (n)	mana	מָנָה (נ)
Küche (f)	mitbax	מִטְבָּח (ז)
Rezept (n)	matkon	מַתְכּוֹן (ז)
Portion (f)	mana	מָנָה (נ)
Salat (m)	salat	סָלָט (ז)
Suppe (f)	marak	מָרָק (ז)
Brühe (f), Bouillon (f)	marak tsax, tsir	מָרָק צַח, צִיר (ז)
belegtes Brot (n)	karix	כָּרִיךְ (ז)

Spiegelei (n)	beitsat ain	בֵּיצַת עַיִן (נ)
Hamburger (m)	'hamburger	הַמְבּוּרְגֶר (ז)
Beefsteak (n)	umtsa, steik	אוּמְצָה (נ), סְטֵייק (ז)
Beilage (f)	to'sefet	תּוֹסֶפֶת (נ)
Spaghetti (pl)	spa'geti	סְפָּגֶטִי (ז)
Kartoffelpüree (n)	mexit tapuxei adama	מְחִית תַּפּוּחֵי אֲדָמָה (נ)
Pizza (f)	'pitsa	פִּיצָה (נ)
Brei (m)	daysa	דַּייסָה (נ)
Omelett (n)	xavita	חֲבִיתָה (נ)
gekocht	mevuʃal	מְבוּשָׁל
geräuchert	me'uʃan	מְעוּשָׁן
gebraten	metugan	מְטוּגָן
getrocknet	meyubaʃ	מְיוּבָּשׁ
tiefgekühlt	kafu	קָפוּא
mariniert	kavuʃ	כָּבוּשׁ
süß	matok	מָתוֹק
salzig	ma'luax	מָלוּחַ
kalt	kar	קַר
heiß	xam	חַם
bitter	marir	מָרִיר
lecker	ta'im	טָעִים
kochen (vt)	levaʃel be'mayim rotxim	לְבַשֵּׁל בְּמַיִם רוֹתְחִים
zubereiten (vt)	levaʃel	לְבַשֵּׁל
braten (vt)	letagen	לְטַגֵּן
aufwärmen (vt)	lexamem	לְחַמֵּם
salzen (vt)	leham'liax	לְהַמְלִיחַ
pfeffern (vt)	lefalpel	לְפַלְפֵּל
reiben (vt)	lerasek	לְרַסֵּק
Schale (f)	klipa	קְלִיפָּה (נ)
schälen (vt)	lekalef	לְקַלֵּף

41. Gewürze

Salz (n)	'melax	מֶלַח (ז)
salzig (Adj)	ma'luax	מָלוּחַ
salzen (vt)	leham'liax	לְהַמְלִיחַ
schwarzer Pfeffer (m)	'pilpel ʃaxor	פִּלְפֵּל שָׁחוֹר (ז)
roter Pfeffer (m)	'pilpel adom	פִּלְפֵּל אָדוֹם (ז)
Senf (m)	xardal	חַרְדָּל (ז)
Meerrettich (m)	xa'zeret	חֲזֶרֶת (נ)
Gewürz (n)	'rotev	רוֹטֶב (ז)
Gewürz (n)	tavlin	תַּבְלִין (ז)
Soße (f)	'rotev	רוֹטֶב (ז)
Essig (m)	'xomets	חוֹמֶץ (ז)
Anis (m)	kamnon	כַּמְנוֹן (ז)
Basilikum (n)	rexan	רֵיחָן (ז)

Nelke (f)	tsi'poren	צִיפּוֹרֶן (ז)
Ingwer (m)	'dʒindʒer	ג'ינג'ר (ז)
Koriander (m)	'kusbara	כּוּסְבָּרָה (נ)
Zimt (m)	kinamon	קִינָמוֹן (ז)
Sesam (m)	'ʃumʃum	שׁוּמְשׁוּם (ז)
Lorbeerblatt (n)	ale dafna	עָלֶה דַפְנָה (ז)
Paprika (m)	'paprika	פַּפְּרִיקָה (נ)
Kümmel (m)	'kimel	קִימָל (ז)
Safran (m)	ze'afran	זְעַפְרָן (ז)

42. Mahlzeiten

Essen (n)	'oχel	אוֹכָל (ז)
essen (vi, vt)	le'eχol	לֶאֱכוֹל
Frühstück (n)	aruχat 'boker	אֲרוּחַת בּוֹקֶר (נ)
frühstücken (vi)	le'eχol aruχat 'boker	לֶאֱכוֹל אֲרוּחַת בּוֹקֶר
Mittagessen (n)	aruχat tsaha'rayim	אֲרוּחַת צָהֳרַיִים (נ)
zu Mittag essen	le'eχol aruχat tsaha'rayim	לֶאֱכוֹל אֲרוּחַת צָהֳרַיִים
Abendessen (n)	aruχat 'erev	אֲרוּחַת עֶרֶב (נ)
zu Abend essen	le'eχol aruχat 'erev	לֶאֱכוֹל אֲרוּחַת עֶרֶב
Appetit (m)	te'avon	תֵּיאָבוֹן (ז)
Guten Appetit!	betei'avon!	בְּתֵיאָבוֹן!
öffnen (vt)	lif'toaχ	לִפְתּוֹחַ
verschütten (vt)	liʃpoχ	לִשְׁפּוֹךְ
verschüttet werden	lehiʃapeχ	לְהִישָׁפֵךְ
kochen (vi)	lir'toaχ	לִרְתוֹחַ
kochen (Wasser ~)	lehar'tiaχ	לְהַרְתִּיחַ
gekocht (Adj)	ra'tuaχ	רָתוּחַ
kühlen (vt)	lekarer	לְקָרֵר
abkühlen (vi)	lehitkarer	לְהִתְקָרֵר
Geschmack (m)	'ta'am	טַעַם (ז)
Beigeschmack (m)	'ta'am levai	טַעַם לְוַואי (ז)
auf Diät sein	lirzot	לִרְזוֹת
Diät (f)	di''eta	דִיאֶטָה (נ)
Vitamin (n)	vitamin	וִיטָמִין (ז)
Kalorie (f)	ka'lorya	קָלוֹרְיָה (נ)
Vegetarier (m)	tsimχoni	צִמְחוֹנִי (ז)
vegetarisch (Adj)	tsimχoni	צִמְחוֹנִי
Fett (n)	ʃumanim	שׁוּמָנִים (ז״ר)
Protein (n)	χelbonim	חֶלְבּוֹנִים (ז״ר)
Kohlenhydrat (n)	paχmema	פַּחְמֵימָה (נ)
Scheibchen (n)	prusa	פְּרוּסָה (נ)
Stück (ein ~ Kuchen)	χatiχa	חֲתִיכָה (נ)
Krümel (m)	perur	פֵּירוּר (ז)

43. Gedeck

Löffel (m)	kaf	כַּף (ז)
Messer (n)	sakin	סַכִּין (ז, נ)
Gabel (f)	mazleg	מַזְלֵג (ז)
Tasse (eine ~ Tee)	'sefel	סֵפֶל (ז)
Teller (m)	tsa'laxat	צַלַּחַת (נ)
Untertasse (f)	taxtit	תַחְתִּית (נ)
Serviette (f)	mapit	מַפִּית (נ)
Zahnstocher (m)	keisam ʃi'nayim	קֵיסָם שִׁינַיִים (ז)

44. Restaurant

Restaurant (n)	mis'ada	מִסְעָדָה (נ)
Kaffeehaus (n)	beit kafe	בֵּית קָפֶה (ז)
Bar (f)	bar, pab	בָּר, פָּאב (ז)
Teesalon (m)	beit te	בֵּית תֵה (ז)
Kellner (m)	meltsar	מֶלְצַר (ז)
Kellnerin (f)	meltsarit	מֶלְצָרִית (נ)
Barmixer (m)	'barmen	בַּרְמֶן (ז)
Speisekarte (f)	tafrit	תַפְרִיט (ז)
Weinkarte (f)	reʃimat yeynot	רְשִׁימַת יֵינוֹת (נ)
einen Tisch reservieren	lehazmin ʃulxan	לְהַזְמִין שׁוּלְחָן
Gericht (n)	mana	מָנָה (נ)
bestellen (vt)	lehazmin	לְהַזְמִין
eine Bestellung aufgeben	lehazmin	לְהַזְמִין
Aperitif (m)	maʃke meta'aven	מַשְׁקֶה מְתָאֲבֵן (ז)
Vorspeise (f)	meta'aven	מְתָאֲבֵן (ז)
Nachtisch (m)	ki'nuax	קִינוּחַ (ז)
Rechnung (f)	xeʃbon	חֶשְׁבּוֹן (ז)
Rechnung bezahlen	leʃalem	לְשַׁלֵם
das Wechselgeld geben	latet 'odef	לָתֵת עוֹדֶף
Trinkgeld (n)	tip	טִיפ (ז)

Familie, Verwandte und Freunde

45. Persönliche Informationen. Formulare

Vorname (m)	ʃem	שֵׁם (ז)
Name (m)	ʃem miʃpaxa	שֵׁם מִשְׁפָּחָה (ז)
Geburtsdatum (n)	ta'arix leda	תַּאֲרִיךְ לֵידָה (ז)
Geburtsort (m)	mekom leda	מְקוֹם לֵידָה (ז)
Nationalität (f)	le'om	לְאוֹם (ז)
Wohnort (m)	mekom megurim	מְקוֹם מְגוּרִים (ז)
Land (n)	medina	מְדִינָה (נ)
Beruf (m)	mik'tso'a	מִקְצוֹעַ (ז)
Geschlecht (n)	min	מִין (ז)
Größe (f)	'gova	גּוֹבַהּ (ז)
Gewicht (n)	miʃkal	מִשְׁקָל (ז)

46. Familienmitglieder. Verwandte

Mutter (f)	em	אֵם (נ)
Vater (m)	av	אָב (ז)
Sohn (m)	ben	בֵּן (ז)
Tochter (f)	bat	בַּת (נ)
jüngste Tochter (f)	habat haktana	הַבַּת הַקְּטַנָּה (נ)
jüngste Sohn (m)	haben hakatan	הַבֵּן הַקָּטָן (ז)
ältere Tochter (f)	habat habxora	הַבַּת הַבְּכוֹרָה (נ)
älterer Sohn (m)	haben habxor	הַבֵּן הַבְּכוֹר (ז)
Bruder (m)	ax	אָח (ז)
älterer Bruder (m)	ax gadol	אָח גָּדוֹל (ז)
jüngerer Bruder (m)	ax katan	אָח קָטָן (ז)
Schwester (f)	axot	אָחוֹת (נ)
ältere Schwester (f)	axot gdola	אָחוֹת גְּדוֹלָה (נ)
jüngere Schwester (f)	axot ktana	אָחוֹת קְטַנָּה (נ)
Cousin (m)	ben dod	בֶּן דּוֹד (ז)
Cousine (f)	bat 'doda	בַּת דּוֹדָה (נ)
Mama (f)	'ima	אִמָּא (נ)
Papa (m)	'aba	אַבָּא (ז)
Eltern (pl)	horim	הוֹרִים (ז"ר)
Kind (n)	'yeled	יֶלֶד (ז)
Kinder (pl)	yeladim	יְלָדִים (ז"ר)
Großmutter (f)	'savta	סָבְתָא (נ)
Großvater (m)	'saba	סָבָא (ז)
Enkel (m)	'nexed	נֶכֶד (ז)

Enkelin (f)	nexda	נֶכְדָּה (נ)
Enkelkinder (pl)	nexadim	נְכָדִים (ז"ר)
Onkel (m)	dod	דּוֹד (ז)
Tante (f)	'doda	דּוֹדָה (נ)
Neffe (m)	axyan	אַחְיָן (ז)
Nichte (f)	axyanit	אַחְיָנִית (נ)
Schwiegermutter (f)	xamot	חָמוֹת (נ)
Schwiegervater (m)	xam	חָם (ז)
Schwiegersohn (m)	xatan	חָתָן (ז)
Stiefmutter (f)	em xoreget	אֵם חוֹרֶגֶת (נ)
Stiefvater (m)	av xoreg	אָב חוֹרֵג (ז)
Säugling (m)	tinok	תִּינוֹק (ז)
Kleinkind (n)	tinok	תִּינוֹק (ז)
Kleine (m)	pa'ot	פָּעוֹט (ז)
Frau (f)	iʃa	אִשָּׁה (נ)
Mann (m)	'ba'al	בַּעַל (ז)
Ehemann (m)	ben zug	בֶּן זוּג (ז)
Gemahlin (f)	bat zug	בַּת זוּג (נ)
verheiratet (Ehemann)	nasui	נָשׂוּי
verheiratet (Ehefrau)	nesu'a	נְשׂוּאָה
ledig	ravak	רַוָּק
Junggeselle (m)	ravak	רַוָּק (ז)
geschieden (Adj)	garuʃ	גָּרוּשׁ
Witwe (f)	almana	אַלְמָנָה (נ)
Witwer (m)	alman	אַלְמָן (ז)
Verwandte (m)	karov miʃpaxa	קָרוֹב מִשְׁפָּחָה (ז)
naher Verwandter (m)	karov miʃpaxa	קָרוֹב מִשְׁפָּחָה (ז)
entfernter Verwandter (m)	karov raxok	קָרוֹב רָחוֹק (ז)
Verwandte (pl)	krovei miʃpaxa	קְרוֹבֵי מִשְׁפָּחָה (ז"ר)
Waise (m, f)	yatom	יָתוֹם (ז)
Waisenjunge (m)	yatom	יָתוֹם (ז)
Waisenmädchen (f)	yetoma	יְתוֹמָה (נ)
Vormund (m)	apo'tropos	אַפּוֹטְרוֹפּוֹס (ז)
adoptieren (einen Jungen)	le'amets	לְאַמֵּץ
adoptieren (ein Mädchen)	le'amets	לְאַמֵּץ

Medizin

47. Krankheiten

Krankheit (f)	maxala	מַחֲלָה (נ)
krank sein	lihyot xole	לִהְיוֹת חוֹלֶה
Gesundheit (f)	bri'ut	בְּרִיאוּת (נ)
Schnupfen (m)	na'zelet	נַזֶלֶת (נ)
Angina (f)	da'leket ʃkedim	דַלֶקֶת שְׁקֵדִים (נ)
Erkältung (f)	hitstanenut	הִצטַנְנוּת (נ)
sich erkälten	lehitstanen	לְהִצטַנֵן
Bronchitis (f)	bron'xitis	בּרוֹנכִיטִיס (ז)
Lungenentzündung (f)	da'leket re'ot	דַלֶקֶת רֵיאוֹת (נ)
Grippe (f)	ʃa'pa'at	שַׁפַּעַת (נ)
kurzsichtig	ktsar re'iya	קְצַר רְאִיָה
weitsichtig	rexok re'iya	רְחוֹק־רְאִיָה
Schielen (n)	pzila	פְּזִילָה (נ)
schielend (Adj)	pozel	פּוֹזֵל
grauer Star (m)	katarakt	קָטָרַקט (ז)
Glaukom (n)	gla'u'koma	גלָאוּקוֹמָה (נ)
Schlaganfall (m)	ʃavats moxi	שָׁבָץ מוֹחִי (ז)
Infarkt (m)	hetkef lev	הֵתקֵף לֵב (ז)
Herzinfarkt (m)	'otem ʃrir halev	אוֹטֶם שְׁרִיר הַלֵב (ז)
Lähmung (f)	ʃituk	שִׁיתוּק (ז)
lähmen (vt)	leʃatek	לְשַׁתֵק
Allergie (f)	a'lergya	אָלֶרגִיָה (נ)
Asthma (n)	'astma, ka'tseret	אַסתמָה, קַצֶרֶת (נ)
Diabetes (m)	su'keret	סוּכֶּרֶת (נ)
Zahnschmerz (m)	ke'ev ʃi'nayim	כְּאֵב שִׁינַיִים (ז)
Karies (f)	a'ʃeʃet	עַשֶׁשֶׁת (נ)
Durchfall (m)	ʃilʃul	שִׁלשׁוּל (ז)
Verstopfung (f)	atsirut	עֲצִירוּת (נ)
Magenverstimmung (f)	kilkul keiva	קִלקוּל קֵיבָה (ז)
Vergiftung (f)	har'alat mazon	הַרעָלַת מָזוֹן (נ)
Vergiftung bekommen	laxatof har'alat mazon	לַחֲטוֹף הַרעָלַת מָזוֹן
Arthritis (f)	da'leket mifrakim	דַלֶקֶת מִפרָקִים (נ)
Rachitis (f)	ra'kexet	רַכֶּכֶת (נ)
Rheumatismus (m)	ʃigaron	שִׁיגָרוֹן (ז)
Atherosklerose (f)	ar'teryo skle'rosis	אַרטֶריוֹ־סקלֶרוֹזִיס (ז)
Gastritis (f)	da'leket keiva	דַלֶקֶת קֵיבָה (נ)
Blinddarmentzündung (f)	da'leket toseftan	דַלֶקֶת תוֹסֶפתָן (נ)

Cholezystitis (f)	da'leket kis hamara	דַלֶקֶת כִּיס הַמָרָה (נ)
Geschwür (n)	'ulkus, kiv	אוֹלקוּס, כִּיב (ז)
Masern (pl)	xa'tsevet	חַצֶבֶת (נ)
Röteln (pl)	a'demet	אֲדֶמֶת (נ)
Gelbsucht (f)	tsa'hevet	צַהֶבֶת (נ)
Hepatitis (f)	da'leket kaved	דַלֶקֶת כָּבֵד (נ)
Schizophrenie (f)	sxizo'frenya	סכִיזוֹפרֶניָה (נ)
Tollwut (f)	ka'levet	כַּלֶבֶת (נ)
Neurose (f)	noi'roza	נוֹירוֹזָה (נ)
Gehirnerschütterung (f)	za'a'zu'a 'moax	זַעֲזוּעַ מוֹחַ (ז)
Krebs (m)	sartan	סַרטָן (ז)
Sklerose (f)	ta'refet	טָרֶשֶת (נ)
multiple Sklerose (f)	ta'refet nefotsa	טָרֶשֶת נְפוֹצָה (נ)
Alkoholismus (m)	alkoholizm	אַלכּוֹהוֹלִיזם (ז)
Alkoholiker (m)	alkoholist	אַלכּוֹהוֹלִיסט (ז)
Syphilis (f)	a'gevet	עַגֶבֶת (נ)
AIDS	eids	אָיידס (ז)
Tumor (m)	gidul	גִידוּל (ז)
bösartig	mam'ir	מַמאִיר
gutartig	ʃapir	שָפִיר
Fieber (n)	ka'daxat	קַדַחַת (נ)
Malaria (f)	ma'larya	מָלַריָה (נ)
Gangrän (f. n)	gan'grena	גַנגרֶנָה (נ)
Seekrankheit (f)	maxalat yam	מַחֲלַת יָם (נ)
Epilepsie (f)	maxalat hanefila	מַחֲלַת הַנְפִילָה (נ)
Epidemie (f)	magefa	מַגֵיפָה (נ)
Typhus (m)	'tifus	טִיפוּס (ז)
Tuberkulose (f)	ʃa'xefet	שַחֶפֶת (נ)
Cholera (f)	ko'lera	כּוֹלֵרָה (נ)
Pest (f)	davar	דֶבֶר (ז)

48. Symptome. Behandlungen. Teil 1

Symptom (n)	simptom	סִימפּטוֹם (ז)
Temperatur (f)	xom	חוֹם (ז)
Fieber (n)	xom ga'voha	חוֹם גָבוֹהַ (ז)
Puls (m)	'dofek	דוֹפֶק (ז)
Schwindel (m)	sxar'xoret	סחַרחוֹרֶת (נ)
heiß (Stirne usw.)	xam	חַם
Schüttelfrost (m)	tsmar'moret	צמַרמוֹרֶת (נ)
blass (z.B. -es Gesicht)	xiver	חִיוֵור
Husten (m)	ʃi'ul	שִיעוּל (ז)
husten (vi)	lehiʃta'el	לְהִשתַעֵל
niesen (vi)	lehit'ateʃ	לְהִתעַטֵש
Ohnmacht (f)	ilafon	עִילָפוֹן (ז)

47

ohnmächtig werden	lehitʻalef	לְהִתְעַלֵּף
blauer Fleck (m)	xabura	חַבּוּרָה (נ)
Beule (f)	blita	בְּלִיטָה (נ)
sich stoßen	lekabel maka	לְקַבֵּל מַכָּה
Prellung (f)	maka	מַכָּה (נ)
sich stoßen	lekabel maka	לְקַבֵּל מַכָּה
hinken (vi)	litsʻloʻa	לְצְלוֹעַ
Verrenkung (f)	ʻneka	נֶקַע (ז)
ausrenken (vt)	linʻkoʻa	לִנְקוֹעַ
Fraktur (f)	ʻʃever	שֶׁבֶר (ז)
brechen (Arm usw.)	liʃbor	לִשְׁבּוֹר
Schnittwunde (f)	xatax	חָתָךְ (ז)
sich schneiden	lehixatex	לְהֵיחָתֵךְ
Blutung (f)	dimum	דִימוּם (ז)
Verbrennung (f)	kviya	כְּווִיָּה (נ)
sich verbrennen	laxatof kviya	לַחֲטוֹף כְּווִיָּה
stechen (vt)	lidkor	לִדְקוֹר
sich stechen	lehidaker	לְהִידָקֵר
verletzen (vt)	lifʻtsoʻa	לִפְצוֹעַ
Verletzung (f)	ptsiʻa	פְּצִיעָה (נ)
Wunde (f)	ʻpetsa	פֶּצַע (ז)
Trauma (n)	ʻtraʼuma	טְרָאוּמָה (נ)
irrereden (vi)	lahazot	לַהֲזוֹת
stottern (vi)	legamgem	לְגַמְגֵם
Sonnenstich (m)	makat ʻʃemeʃ	מַכַּת שֶׁמֶשׁ (נ)

49. Symptome. Behandlungen. Teil 2

Schmerz (m)	keʼev	כְּאֵב (ז)
Splitter (m)	kots	קוֹץ (ז)
Schweiß (m)	zeʻa	זֵיעָה (נ)
schwitzen (vi)	lehaʼziʻa	לְהַזִיעַ
Erbrechen (n)	hakaʼa	הֲקָאָה (נ)
Krämpfe (pl)	pirkusim	פִּירְכּוּסִים (ז״ר)
schwanger	hara	הָרָה
geboren sein	lehivaled	לְהִיווָלֵד
Geburt (f)	leda	לֵידָה (נ)
gebären (vt)	laʼledet	לָלֶדֶת
Abtreibung (f)	hapala	הַפָּלָה (נ)
Atem (m)	neʃima	נְשִׁימָה (נ)
Atemzug (m)	ʃeʼifa	שְׁאִיפָה (נ)
Ausatmung (f)	neʃifa	נְשִׁיפָה (נ)
ausatmen (vt)	linʃof	לִנְשׁוֹף
einatmen (vt)	liʃʼof	לִשְׁאוֹף
Invalide (m)	naxe	נָכֶה (ז)
Krüppel (m)	naxe	נָכֶה (ז)

Drogenabhängiger (m)	narkoman	נַרְקוֹמָן (ז)
taub	xereʃ	חֵירֵשׁ
stumm	ilem	אִילֵם
taubstumm	xereʃ-ilem	חֵירֵשׁ־אִילֵם
verrückt (Adj)	meʃuga	מְשֻׁגָּע
Irre (m)	meʃuga	מְשֻׁגָּע (ז)
Irre (f)	meʃu'ga'at	מְשֻׁגַּעַת (נ)
den Verstand verlieren	lehiʃta'ge'a	לְהִשְׁתַּגֵּעַ
Gen (n)	gen	גֵּן (ז)
Immunität (f)	xasinut	חֲסִינוּת (נ)
erblich	toraʃti	תּוֹרַשְׁתִּי
angeboren	mulad	מוּלָד
Virus (m, n)	'virus	וִירוּס (ז)
Mikrobe (f)	xaidak	חַיְידַּק (ז)
Bakterie (f)	bak'terya	בַּקְטֶרְיָה (נ)
Infektion (f)	zihum	זִיהוּם (ז)

50. Symptome. Behandlungen. Teil 3

Krankenhaus (n)	beit xolim	בֵּית חוֹלִים (ז)
Patient (m)	metupal	מְטוּפָּל (ז)
Diagnose (f)	avxana	אַבְחָנָה (נ)
Heilung (f)	ripui	רִיפּוּי (ז)
Behandlung (f)	tipul refu'i	טִיפּוּל רְפוּאִי (ז)
Behandlung bekommen	lekabel tipul	לְקַבֵּל טִיפּוּל
behandeln (vt)	letapel be…	לְטַפֵּל בְּ…
pflegen (Kranke)	letapel be…	לְטַפֵּל בְּ…
Pflege (f)	tipul	טִיפּוּל (ז)
Operation (f)	ni'tuax	נִיתוּחַ (ז)
verbinden (vt)	laxboʃ	לַחְבּוֹשׁ
Verband (m)	xaviʃa	חֲבִישָׁה (נ)
Impfung (f)	xisun	חִיסוּן (ז)
impfen (vt)	lexasen	לְחַסֵּן
Spritze (f)	zrika	זְרִיקָה (נ)
eine Spritze geben	lehazrik	לְהַזְרִיק
Anfall (m)	hetkef	הֶתְקֵף (ז)
Amputation (f)	kti'a	קְטִיעָה (נ)
amputieren (vt)	lik'to'a	לִקְטוֹעַ
Koma (n)	tar'demet	תַּרְדֶּמֶת (נ)
im Koma liegen	lihyot betar'demet	לִהְיוֹת בְּתַרְדֶּמֶת
Reanimation (f)	tipul nimrats	טִיפּוּל נִמְרָץ (ז)
genesen von … (vi)	lehaxlim	לְהַחְלִים
Zustand (m)	matsav	מַצָּב (ז)
Bewusstsein (n)	hakara	הַכָּרָה (נ)
Gedächtnis (n)	zikaron	זִיכָּרוֹן (ז)
ziehen (einen Zahn ~)	la'akor	לַעֲקוֹר

| Plombe (f) | stima | סְתִימָה (נ) |
| plombieren (vt) | la'asot stima | לַעֲשׂוֹת סְתִימָה |

| Hypnose (f) | hip'noza | הִיפְּנוֹזָה (נ) |
| hypnotisieren (vt) | lehapnet | לְהַפְנֵט |

51. Ärzte

Arzt (m)	rofe	רוֹפֵא (ז)
Krankenschwester (f)	aχot	אָחוֹת (נ)
Privatarzt (m)	rofe iʃi	רוֹפֵא אִישִׁי (ז)

Zahnarzt (m)	rofe ʃi'nayim	רוֹפֵא שִׁינַּיִים (ז)
Augenarzt (m)	rofe ei'nayim	רוֹפֵא עֵינַיִים (ז)
Internist (m)	rofe pnimi	רוֹפֵא פְּנִימִי (ז)
Chirurg (m)	kirurg	כִּירוּרְג (ז)

Psychiater (m)	psiχi"ater	פְּסִיכִיאָטֶר (ז)
Kinderarzt (m)	rofe yeladim	רוֹפֵא יְלָדִים (ז)
Psychologe (m)	psiχolog	פְּסִיכוֹלוֹג (ז)
Frauenarzt (m)	rofe naʃim	רוֹפֵא נָשִׁים (ז)
Kardiologe (m)	kardyolog	קַרְדִיוֹלוֹג (ז)

52. Medizin. Medikamente. Accessoires

Arznei (f)	trufa	תְּרוּפָה (נ)
Heilmittel (n)	trufa	תְּרוּפָה (נ)
verschreiben (vt)	lirʃom	לִרְשׁוֹם
Rezept (n)	mirʃam	מִרְשָׁם (ז)

Tablette (f)	kadur	כַּדּוּר (ז)
Salbe (f)	miʃχa	מִשְׁחָה (נ)
Ampulle (f)	'ampula	אַמְפּוּלָה (נ)
Mixtur (f)	ta'a'rovet	תַּעֲרוֹבֶת (נ)
Sirup (m)	sirop	סִירוֹפּ (ז)
Pille (f)	gluya	גְלוּיָה (נ)
Pulver (n)	avka	אַבְקָה (נ)

Verband (m)	taχ'boʃet 'gaza	תַּחְבּוֹשֶׁת גָאזָה (ז)
Watte (f)	'tsemer 'gefen	צֶמֶר גֶפֶן (ז)
Jod (n)	yod	יוֹד (ז)

Pflaster (n)	'plaster	פְּלַסְטֶר (ז)
Pipette (f)	taf'tefet	טַפְטֶפֶת (נ)
Thermometer (n)	madχom	מַדְחוֹם (ז)
Spritze (f)	mazrek	מַזְרֵק (ז)

| Rollstuhl (m) | kise galgalim | כִּיסֵא גַלְגַלִים (ז) |
| Krücken (pl) | ka'bayim | קַבַּיִים (ז"ר) |

| Betäubungsmittel (n) | meʃakeχ ke'evim | מְשַׁכֵּךְ כְּאֵבִים (ז) |
| Abführmittel (n) | trufa meʃal'ʃelet | תְּרוּפָה מְשַׁלְשֶׁלֶת (נ) |

Spiritus (m)	'kohal	כֹּהַל (ז)
Heilkraut (n)	isvei marpe	עִשְׂבֵי מַרְפֵּא (ז"ר)
Kräuter- (z.B. Kräutertee)	ʃel asavim	שֶׁל עֲשָׂבִים

LEBENSRAUM DES MENSCHEN

Stadt

53. Stadt. Leben in der Stadt

Stadt (f)	ir	עִיר (נ)
Hauptstadt (f)	ir bira	עִיר בִּירָה (נ)
Dorf (n)	kfar	כְּפָר (ז)
Stadtplan (m)	mapat ha'ir	מַפַּת הָעִיר (נ)
Stadtzentrum (n)	merkaz ha'ir	מֶרְכַּז הָעִיר (ז)
Vorort (m)	parvar	פַּרְוָור (ז)
Vorort-	parvari	פַּרְוָורִי
Stadtrand (m)	parvar	פַּרְוָור (ז)
Umgebung (f)	svivot	סבִיבוֹת (נ"ר)
Stadtviertel (n)	ʃxuna	שׁכוּנָה (נ)
Wohnblock (m)	ʃxunat megurim	שׁכוּנַת מְגוּרִים (נ)
Straßenverkehr (m)	tnu'a	תנוּעָה (נ)
Ampel (f)	ramzor	רַמזוֹר (ז)
Stadtverkehr (m)	taxbura tsiburit	תַחבּוּרָה צִיבּוּרִית (נ)
Straßenkreuzung (f)	'tsomet	צוֹמֶת (ז)
Übergang (m)	ma'avar xatsaya	מַעֲבַר חֲצָיָה (ז)
Fußgängerunterführung (f)	ma'avar tat karka'i	מַעֲבַר תַת־קַרקָעִי (ז)
überqueren (vt)	laxatsot	לַחֲצוֹת
Fußgänger (m)	holex 'regel	הוֹלֵך רֶגֶל (ז)
Gehweg (m)	midraxa	מִדרָכָה (נ)
Brücke (f)	'geʃer	גֶשֶׁר (ז)
Kai (m)	ta'yelet	טַיֶילֶת (נ)
Springbrunnen (m)	mizraka	מִזרָקָה (נ)
Allee (f)	sdera	שׂדֵרָה (נ)
Park (m)	park	פַּארק (ז)
Boulevard (m)	sdera	שׂדֵרָה (נ)
Platz (m)	kikar	כִּיכָּר (נ)
Avenue (f)	rexov raʃi	רְחוֹב רָאשִׁי (ז)
Straße (f)	rexov	רְחוֹב (ז)
Gasse (f)	simta	סִמטָה (נ)
Sackgasse (f)	mavoi satum	מָבוֹי סָתוּם (ז)
Haus (n)	'bayit	בַּיִת (ז)
Gebäude (n)	binyan	בִּניָין (ז)
Wolkenkratzer (m)	gored ʃxakim	גוֹרֵד שׁחָקִים (ז)
Fassade (f)	xazit	חָזִית (נ)
Dach (n)	gag	גַג (ז)

Fenster (n)	χalon	חַלּוֹן (ז)
Bogen (m)	'keʃet	קֶשֶׁת (נ)
Säule (f)	amud	עַמּוּד (ז)
Ecke (f)	pina	פִּינָה (נ)
Schaufenster (n)	χalon ra'ava	חַלּוֹן רַאֲוָוה (ז)
Firmenschild (n)	'ʃelet	שֶׁלֶט (ז)
Anschlag (m)	kraza	כְּרָזָה (נ)
Werbeposter (m)	'poster	פּוֹסְטֶר (ז)
Werbeschild (n)	'luaχ pirsum	לוּחַ פִּרְסוּם (ז)
Müll (m)	'zevel	זֶבֶל (ז)
Mülleimer (m)	paχ aʃpa	פַּח אַשְׁפָּה (ז)
Abfall wegwerfen	lelaχleχ	לְלַכְלֵךְ
Mülldeponie (f)	mizbala	מִזְבָּלָה (נ)
Telefonzelle (f)	ta 'telefon	תָּא טֶלֶפוֹן (ז)
Straßenlaterne (f)	amud panas	עַמּוּד פָּנָס (ז)
Bank (Park-)	safsal	סַפְסָל (ז)
Polizist (m)	ʃoter	שׁוֹטֵר (ז)
Polizei (f)	miʃtara	מִשְׁטָרָה (נ)
Bettler (m)	kabtsan	קַבְּצָן (ז)
Obdachlose (m)	χasar 'bayit	חֲסַר בַּיִת (ז)

54. Innerstädtische Einrichtungen

Laden (m)	χanut	חֲנוּת (נ)
Apotheke (f)	beit mir'kaχat	בֵּית מִרְקַחַת (ז)
Optik (f)	χanut miʃka'fayim	חֲנוּת מִשְׁקָפַיִים (נ)
Einkaufszentrum (n)	kanyon	קַנְיוֹן (ז)
Supermarkt (m)	super'market	סוּפֶּרְמַרְקֶט (ז)
Bäckerei (f)	ma'afiya	מַאֲפִיָּיה (נ)
Bäcker (m)	ofe	אוֹפֶה (ז)
Konditorei (f)	χanut mamtakim	חֲנוּת מַמְתַּקִים (נ)
Lebensmittelladen (m)	ma'kolet	מַכֹּלֶת (נ)
Metzgerei (f)	itliz	אִטְלִיז (ז)
Gemüseladen (m)	χanut perot viyerakot	חֲנוּת פֵּירוֹת וִירָקוֹת (נ)
Markt (m)	ʃuk	שׁוּק (ז)
Kaffeehaus (n)	beit kafe	בֵּית קָפֶה (ז)
Restaurant (n)	mis'ada	מִסְעָדָה (נ)
Bierstube (f)	pab	פָּאבּ (ז)
Pizzeria (f)	pi'tseriya	פִּיצֶּרְיָיה (נ)
Friseursalon (m)	mispara	מִסְפָּרָה (נ)
Post (f)	'do'ar	דּוֹאַר (ז)
chemische Reinigung (f)	nikui yaveʃ	נִיקּוּי יָבֵשׁ (ז)
Fotostudio (n)	'studyo letsilum	סְטוּדְיוֹ לְצִילוּם (ז)
Schuhgeschäft (n)	χanut na'a'layim	חֲנוּת נַעֲלַיִים (נ)
Buchhandlung (f)	χanut sfarim	חֲנוּת סְפָרִים (נ)

Sportgeschäft (n)	χanut sport	חֲנוּת סְפּוֹרְט (נ)
Kleiderreparatur (f)	χanut tikun bgadim	חֲנוּת תִּיקוּן בְּגָדִים (נ)
Bekleidungsverleih (m)	χanut haskarat bgadim	חֲנוּת הַשְׂכָּרַת בְּגָדִים (נ)
Videothek (f)	χanut haʃʿalat sratim	חֲנוּת הַשְׁאָלַת סְרָטִים (נ)
Zirkus (m)	kirkas	קִרְקָס (ז)
Zoo (m)	gan hayot	גַּן חַיּוֹת (ז)
Kino (n)	kolʿnoʿa	קוֹלְנוֹעַ (ז)
Museum (n)	muzeʾon	מוּזֵיאוֹן (ז)
Bibliothek (f)	sifriya	סִפְרִיָּה (נ)
Theater (n)	teʾatron	תֵּיאַטְרוֹן (ז)
Opernhaus (n)	beit ʿopera	בֵּית אוֹפֶּרָה (ז)
Nachtklub (m)	moʿadon ʾlaila	מוֹעֲדוֹן לַיְלָה (ז)
Kasino (n)	kaʾzino	קָזִינוֹ (ז)
Moschee (f)	misgad	מִסְגָּד (ז)
Synagoge (f)	beit ʾkneset	בֵּית כְּנֶסֶת (ז)
Kathedrale (f)	katedʾrala	קָתֶדְרָלָה (נ)
Tempel (m)	mikdaʃ	מִקְדָּשׁ (ז)
Kirche (f)	knesiya	כְּנֵסִיָּה (נ)
Institut (n)	miχlala	מִכְלָלָה (נ)
Universität (f)	uniʾversita	אוּנִיבֶרְסִיטָה (נ)
Schule (f)	beit ʾsefer	בֵּית סֵפֶר (ז)
Präfektur (f)	maχoz	מָחוֹז (ז)
Rathaus (n)	iriya	עִירִיָּה (נ)
Hotel (n)	beit malon	בֵּית מָלוֹן (ז)
Bank (f)	bank	בַּנְק (ז)
Botschaft (f)	ʃagrirut	שַׁגְרִירוּת (נ)
Reisebüro (n)	soχnut nesiʿot	סוֹכְנוּת נְסִיעוֹת (נ)
Informationsbüro (n)	modiʾin	מוֹדִיעִין (ז)
Wechselstube (f)	misrad hamarat matʾbeʿa	מִשְׂרַד הֲמָרַת מַטְבֵּעַ (ז)
U-Bahn (f)	raʾkevet taχtit	רַכֶּבֶת תַּחְתִּית (נ)
Krankenhaus (n)	beit χolim	בֵּית חוֹלִים (ז)
Tankstelle (f)	taχanat ʾdelek	תַּחֲנַת דֶּלֶק (נ)
Parkplatz (m)	migraʃ χanaya	מִגְרַשׁ חֲנָיָה (ז)

55. Schilder

Firmenschild (n)	ʾʃelet	שֶׁלֶט (ז)
Aufschrift (f)	modaʿa	מוֹדָעָה (נ)
Plakat (n)	ʾposter	פּוֹסְטֶר (ז)
Wegweiser (m)	tamrur	תַּמְרוּר (ז)
Pfeil (m)	χets	חֵץ (ז)
Vorsicht (f)	azhara	אַזְהָרָה (נ)
Warnung (f)	ʾʃelet azhara	שֶׁלֶט אַזְהָרָה (ז)
warnen (vt)	lehazhir	לְהַזְהִיר
freier Tag (m)	yom ʾχofeʃ	יוֹם חוֹפֶשׁ (ז)

Fahrplan (m)	'luax zmanim	לוּחַ זְמַנִּים (ז)
Öffnungszeiten (pl)	ʃa'ot avoda	שְׁעוֹת עֲבוֹדָה (נ״ר)
HERZLICH WILLKOMMEN!	bruxim haba'im!	בְּרוּכִים הַבָּאִים!
EINGANG	knisa	כְּנִיסָה
AUSGANG	yetsi'a	יְצִיאָה
DRÜCKEN	dxof	דְּחוֹף
ZIEHEN	mʃox	מְשׁוֹךְ
GEÖFFNET	pa'tuax	פָּתוּחַ
GESCHLOSSEN	sagur	סָגוּר
DAMEN, FRAUEN	lenaʃim	לְנָשִׁים
HERREN, MÄNNER	legvarim	לִגְבָרִים
AUSVERKAUF	hanaxot	הֲנָחוֹת
REDUZIERT	mivtsa	מִבְצָע
NEU!	xadaʃ!	חָדָשׁ!
GRATIS	xinam	חִינָם
ACHTUNG!	sim lev!	שִׂים לֵב!
ZIMMER BELEGT	ein makom panui	אֵין מָקוֹם פָּנוּי
RESERVIERT	ʃamur	שָׁמוּר
VERWALTUNG	hanhala	הַנְהָלָה
NUR FÜR PERSONAL	le'ovdim bilvad	לְעוֹבְדִים בִּלְבַד
VORSICHT BISSIGER HUND	zehirut 'kelev noʃex!	זְהִירוּת, כֶּלֶב נוֹשֵׁךְ!
RAUCHEN VERBOTEN!	asur le'aʃen!	אָסוּר לְעַשֵּׁן!
BITTE NICHT BERÜHREN	lo lagaat!	לֹא לָגַעַת!
GEFÄHRLICH	mesukan	מְסוּכָּן
VORSICHT!	sakana	סַכָּנָה
HOCHSPANNUNG	'metax ga'voha	מֶתַח גָּבוֹהַּ
BADEN VERBOTEN	haraxatsa asura!	הָרַחָצָה אֲסוּרָה!
AUßER BETRIEB	lo oved	לֹא עוֹבֵד
LEICHTENTZÜNDLICH	dalik	דָּלִיק
VERBOTEN	asur	אָסוּר
DURCHGANG VERBOTEN	asur la'avor	אָסוּר לַעֲבוֹר
FRISCH GESTRICHEN	'tseva lax	צֶבַע לַח

56. Innerstädtischer Transport

Bus (m)	'otobus	אוֹטוֹבּוּס (ז)
Straßenbahn (f)	ra'kevet kala	רַכֶּבֶת קַלָּה (נ)
Obus (m)	tro'leibus	טְרוֹלֵיבּוּס (ז)
Linie (f)	maslul	מַסְלוּל (ז)
Nummer (f)	mispar	מִסְפָּר (ז)
mit ... fahren	lin'so'a be...	לִנְסוֹעַ בְּ...
einsteigen (vi)	la'alot	לַעֲלוֹת
aussteigen (aus dem Bus)	la'redet mi...	לָרֶדֶת מִ...

Haltestelle (f)	taxana	תַּחֲנָה (נ)
nächste Haltestelle (f)	hataxana haba'a	הַתַּחֲנָה הַבָּאָה (נ)
Endhaltestelle (f)	hataxana ha'axrona	הַתַּחֲנָה הָאַחֲרוֹנָה (נ)
Fahrplan (m)	'luax zmanim	לוּחַ זְמַנִּים (ז)
warten (vi, vt)	lehamtin	לְהַמְתִּין
Fahrkarte (f)	kartis	כַּרְטִיס (ז)
Fahrpreis (m)	mexir hanesiya	מְחִיר הַנְּסִיעָה (ז)
Kassierer (m)	kupai	קוּפַּאי (ז)
Fahrkartenkontrolle (f)	bi'koret kartisim	בִּיקוֹרֶת כַּרְטִיסִים (נ)
Fahrkartenkontrolleur (m)	mevaker	מְבַקֵּר (ז)
sich verspäten	le'axer	לְאַחֵר
versäumen (Zug usw.)	lefasfes	לְפַסְפֵס
sich beeilen	lemaher	לְמַהֵר
Taxi (n)	monit	מוֹנִית (נ)
Taxifahrer (m)	nahag monit	נַהַג מוֹנִית (ז)
mit dem Taxi	bemonit	בְּמוֹנִית
Taxistand (m)	taxanat moniyot	תַּחֲנַת מוֹנִיּוֹת (נ)
ein Taxi rufen	lehazmin monit	לְהַזְמִין מוֹנִית
ein Taxi nehmen	la'kaxat monit	לָקַחַת מוֹנִית
Straßenverkehr (m)	tnu'a	תְּנוּעָה (נ)
Stau (m)	pkak	פְּקָק (ז)
Hauptverkehrszeit (f)	ʃa'ot 'omes	שְׁעוֹת עוֹמֶס (נ״ר)
parken (vi)	laxanot	לַחֲנוֹת
parken (vt)	lehaxnot	לְהַחֲנוֹת
Parkplatz (m)	xanaya	חֲנָיָה (נ)
U-Bahn (f)	ra'kevet taxtit	רַכֶּבֶת תַּחְתִּית (נ)
Station (f)	taxana	תַּחֲנָה (נ)
mit der U-Bahn fahren	lin'so'a betaxtit	לִנְסוֹעַ בְּתַחְתִּית
Zug (m)	ra'kevet	רַכֶּבֶת (נ)
Bahnhof (m)	taxanat ra'kevet	תַּחֲנַת רַכֶּבֶת (נ)

57. Sehenswürdigkeiten

Denkmal (n)	an'darta	אַנְדַּרְטָה (נ)
Festung (f)	mivtsar	מִבְצָר (ז)
Palast (m)	armon	אַרְמוֹן (ז)
Schloss (n)	tira	טִירָה (נ)
Turm (m)	migdal	מִגְדָּל (ז)
Mausoleum (n)	ma'uzo'le'um	מָאוּזוֹלֵיאוּם (ז)
Architektur (f)	adrixalut	אַדְרִיכָלוּת (נ)
mittelalterlich	benaimi	בֵּינַיִימִי
alt (antik)	atik	עַתִּיק
national	le'umi	לְאוּמִי
berühmt	mefursam	מְפוּרְסָם
Tourist (m)	tayar	תַּיָּיר (ז)
Fremdenführer (m)	madrix tiyulim	מַדְרִיךְ טִיּוּלִים (ז)

Ausflug (m)	tiyul	טִיּוּל (ז)
zeigen (vt)	lehar'ot	לְהַרְאוֹת
erzählen (vt)	lesaper	לְסַפֵּר

finden (vt)	limtso	לִמְצוֹא
sich verlieren	la'lexet le'ibud	לָלֶכֶת לְאִיבּוּד
Karte (U-Bahn ~)	mapa	מַפָּה (נ)
Karte (Stadt-)	tarʃim	תַּרְשִׁים (ז)

Souvenir (n)	maz'keret	מַזְכֶּרֶת (נ)
Souvenirladen (m)	xanut matanot	חֲנוּת מַתָּנוֹת (נ)
fotografieren (vt)	letsalem	לְצַלֵּם
sich fotografieren	lehitstalem	לְהִצְטַלֵּם

58. Shopping

kaufen (vt)	liknot	לִקְנוֹת
Einkauf (m)	kniya	קְנִיָּה (נ)
einkaufen gehen	la'lexet lekniyot	לָלֶכֶת לִקְנִיּוֹת
Einkaufen (n)	arixat kniyot	עֲרִיכַת קְנִיּוֹת (נ)

offen sein (Laden)	pa'tuax	פָּתוּחַ
zu sein	sagur	סָגוּר

Schuhe (pl)	na'a'layim	נַעֲלַיִם (נ״ר)
Kleidung (f)	bgadim	בְּגָדִים (ז״ר)
Kosmetik (f)	tamrukim	תַּמְרוּקִים (ז״ר)
Lebensmittel (pl)	mutsrei mazon	מוּצְרֵי מָזוֹן (ז״ר)
Geschenk (n)	matana	מַתָּנָה (נ)

Verkäufer (m)	moxer	מוֹכֵר (ז)
Verkäuferin (f)	mo'xeret	מוֹכֶרֶת (נ)

Kasse (f)	kupa	קוּפָּה (נ)
Spiegel (m)	mar'a	מַרְאָה (נ)
Ladentisch (m)	duxan	דּוּכָן (ז)
Umkleidekabine (f)	'xeder halbaʃa	חֲדַר הַלְבָּשָׁה (ז)

anprobieren (vt)	limdod	לִמְדּוֹד
passen (Schuhe, Kleid)	lehat'im	לְהַתְאִים
gefallen (vi)	limtso xen be'ei'nayim	לִמְצוֹא חֵן בָּעֵינַיִים

Preis (m)	mexir	מְחִיר (ז)
Preisschild (n)	tag mexir	תָּג מְחִיר (ז)
kosten (vt)	la'alot	לַעֲלוֹת
Wie viel?	'kama?	כַּמָּה?
Rabatt (m)	hanaxa	הֲנָחָה (נ)

preiswert	lo yakar	לֹא יָקָר
billig	zol	זוֹל
teuer	yakar	יָקָר
Das ist teuer	ze yakar	זֶה יָקָר
Verleih (m)	haskara	הַשְׂכָּרָה (נ)
leihen, mieten (ein Auto usw.)	liskor	לִשְׂכּוֹר

| Kredit (m), Darlehen (n) | aʃrai | אַשְׁרַאי (ז) |
| auf Kredit | be'aʃrai | בְּאַשְׁרַאי |

59. Geld

Geld (n)	'kesef	כֶּסֶף (ז)
Austausch (m)	hamara	הֲמָרָה (נ)
Kurs (m)	ʃa'ar χalifin	שַׁעַר חֲלִיפִין (ז)
Geldautomat (m)	kaspomat	כַּסְפּוֹמָט (ז)
Münze (f)	mat'be'a	מַטְבֵּעַ (ז)

| Dollar (m) | 'dolar | דוֹלָר (ז) |
| Euro (m) | 'eiro | אֵירוֹ (ז) |

Lira (f)	'lira	לִירָה (נ)
Mark (f)	mark germani	מַרְק גֶּרְמָנִי (ז)
Franken (m)	frank	פְרַנק (ז)
Pfund Sterling (n)	'lira 'sterling	לִירָה שְׁטֶרְלִינג (נ)
Yen (m)	yen	יֶן (ז)

Schulden (pl)	χov	חוֹב (ז)
Schuldner (m)	'ba'al χov	בַּעַל חוֹב (ז)
leihen (vt)	lehalvot	לְהַלְווֹת
leihen, borgen (Geld usw.)	lilvot	לִלְווֹת

Bank (f)	bank	בַּנְק (ז)
Konto (n)	χeʃbon	חֶשְׁבּוֹן (ז)
einzahlen (vt)	lehafkid	לְהַפְקִיד
auf ein Konto einzahlen	lehafkid leχeʃbon	לְהַפְקִיד לְחֶשְׁבּוֹן
abheben (vt)	limʃoχ meχeʃbon	לִמְשׁוֹך מֵחֶשְׁבּוֹן

Kreditkarte (f)	kartis aʃrai	כַּרְטִיס אַשְׁרַאי (ז)
Bargeld (n)	mezuman	מְזוּמָן
Scheck (m)	tʃek	צֶ'ק (ז)
einen Scheck schreiben	liχtov tʃek	לִכְתּוֹב צֶ'ק
Scheckbuch (n)	pinkas 'tʃekim	פִּנְקַס צֶ'קִים (ז)

Geldtasche (f)	arnak	אַרְנָק (ז)
Geldbeutel (m)	arnak lematbe"ot	אַרְנָק לְמַטְבְּעוֹת (ז)
Safe (m)	ka'sefet	כַּסֶּפֶת (נ)

Erbe (m)	yoreʃ	יוֹרֵשׁ (ז)
Erbschaft (f)	yeruʃa	יְרוּשָׁה (נ)
Vermögen (n)	'oʃer	עוֹשֶׁר (ז)

Pacht (f)	χoze sχirut	חוֹזֶה שְׂכִירוּת (ז)
Miete (f)	sχar dira	שְׂכַר דִּירָה (ז)
mieten (vt)	liskor	לִשְׂכּוֹר

Preis (m)	meχir	מְחִיר (ז)
Kosten (pl)	alut	עֲלוּת (נ)
Summe (f)	sχum	סְכוּם (ז)
ausgeben (vt)	lehotsi	לְהוֹצִיא
Ausgaben (pl)	hotsa'ot	הוֹצָאוֹת (נ״ר)

sparen (vt)	laxasox	לַחְסוֹךְ
sparsam	xesxoni	חָסְכוֹנִי
zahlen (vt)	leʃalem	לְשַׁלֵם
Lohn (m)	taʃlum	תַשְׁלוּם (ז)
Wechselgeld (n)	'odef	עוֹדֶף (ז)
Steuer (f)	mas	מַס (ז)
Geldstrafe (f)	knas	קְנָס (ז)
bestrafen (vt)	liknos	לִקְנוֹס

60. Post. Postdienst

Post (Postamt)	'do'ar	דוֹאַר (ז)
Post (Postsendungen)	'do'ar	דוֹאַר (ז)
Briefträger (m)	davar	דַוָור (ז)
Öffnungszeiten (pl)	ʃa'ot avoda	שְׁעוֹת עֲבוֹדָה (נ״ר)
Brief (m)	mixtav	מִכְתָב (ז)
Einschreibebrief (m)	mixtav raʃum	מִכְתָב רָשׁוּם (ז)
Postkarte (f)	gluya	גְלוּיָה (נ)
Telegramm (n)	mivrak	מִבְרָק (ז)
Postpaket (n)	xavila	חֲבִילָה (נ)
Geldanweisung (f)	ha'avarat ksafim	הַעֲבָרַת כְּסָפִים (נ)
bekommen (vt)	lekabel	לְקַבֵּל
abschicken (vt)	liʃ'loax	לִשְׁלוֹחַ
Absendung (f)	ʃlixa	שְׁלִיחָה (ז)
Postanschrift (f)	'ktovet	כְּתוֹבֶת (נ)
Postleitzahl (f)	mikud	מִיקוּד (ז)
Absender (m)	ʃo'leax	שׁוֹלֵחַ (ז)
Empfänger (m)	nim'an	נִמְעָן (ז)
Vorname (m)	ʃem prati	שֵׁם פְּרָטִי (ז)
Nachname (m)	ʃem miʃpaxa	שֵׁם מִשְׁפָּחָה (ז)
Tarif (m)	ta'arif	תַעֲרִיף (ז)
Standard- (Tarif)	ragil	רָגִיל
Spar- (-tarif)	xesxoni	חָסְכוֹנִי
Gewicht (n)	miʃkal	מִשְׁקָל (ז)
abwiegen (vt)	liʃkol	לִשְׁקוֹל
Briefumschlag (m)	ma'atafa	מַעֲטָפָה (נ)
Briefmarke (f)	bul 'do'ar	בּוּל דוֹאַר (ז)
Briefmarke aufkleben	lehadbik bul	לְהַדְבִּיק בּוּל

Wohnung. Haus. Zuhause

61. Haus. Elektrizität

Elektrizität (f)	ḫaʃmal	חַשְׁמַל (ז)
Glühbirne (f)	nura	נוּרָה (נ)
Schalter (m)	'meteg	מֶתֶג (ז)
Sicherung (f)	natiḫ	נָתִיךְ (ז)
Draht (m)	ḫut	חוּט (ז)
Leitung (f)	ḫivut	חִיווּט (ז)
Stromzähler (m)	mone ḫaʃmal	מוֹנֵה חַשְׁמַל (ז)
Zählerstand (m)	kri'a	קְרִיאָה (נ)

62. Villa. Schloss

Landhaus (n)	'bayit bakfar	בַּיִת בַּכְּפָר (ז)
Villa (f)	'vila	וִילָה (נ)
Flügel (m)	agaf	אֲגַף (ז)
Garten (m)	gan	גַן (ז)
Park (m)	park	פָּארְק (ז)
Orangerie (f)	ḫamama	חָמָמָה (נ)
pflegen (Garten usw.)	legadel	לְגַדֵל
Schwimmbad (n)	breḫat sḫiya	בְּרֵיכַת שְׂחִייָה (נ)
Kraftraum (m)	'ḫeder 'koʃer	חֶדָר כּוֹשֶׁר (ז)
Tennisplatz (m)	migraʃ 'tenis	מִגְרַשׁ טֶנִיס (ז)
Heimkinoraum (m)	'ḫeder hakrana beiti	חֶדָר הַקְרָנָה בֵּיתִי (ז)
Garage (f)	musaḫ	מוּסָךְ (ז)
Privateigentum (n)	reḫuʃ prati	רְכוּשׁ פְּרָטִי (ז)
Privatgrundstück (n)	ʃetaḫ prati	שֶׁטַח פְּרָטִי (ז)
Warnung (f)	azhara	אַזְהָרָה (נ)
Warnschild (n)	'ʃelet azhara	שֶׁלֶט אַזְהָרָה (ז)
Bewachung (f)	avtaḫa	אַבְטָחָה (נ)
Wächter (m)	ʃomer	שׁוֹמֵר (ז)
Alarmanlage (f)	ma'a'reḫet az'aka	מַעֲרֶכֶת אַזְעָקָה (נ)

63. Wohnung

Wohnung (f)	dira	דִירָה (נ)
Zimmer (n)	'ḫeder	חֶדֶר (ז)
Schlafzimmer (n)	ḫadar ʃena	חֲדַר שֵׁינָה (ז)

Esszimmer (n)	pinat 'oxel	פִּינַת אוֹכֶל (נ)
Wohnzimmer (n)	salon	סָלוֹן (ז)
Arbeitszimmer (n)	xadar avoda	חֲדַר עֲבוֹדָה (ז)
Vorzimmer (n)	prozdor	פְּרוֹזדוֹר (ז)
Badezimmer (n)	xadar am'batya	חֲדַר אַמבַּטיָה (ז)
Toilette (f)	ʃerutim	שֵירוּתִים (ז״ר)
Decke (f)	tikra	תִקרָה (נ)
Fußboden (m)	ritspa	רִצפָּה (נ)
Ecke (f)	pina	פִּינָה (נ)

64. Möbel. Innenausstattung

Möbel (n)	rehitim	רָהִיטִים (ז״ר)
Tisch (m)	ʃulxan	שוּלחָן (ז)
Stuhl (m)	kise	כִּסֵא (ז)
Bett (n)	mita	מִיטָה (נ)
Sofa (n)	sapa	סַפָּה (נ)
Sessel (m)	kursa	כּוּרסָה (נ)
Bücherschrank (m)	aron sfarim	אָרוֹן סְפָרִים (ז)
Regal (n)	madaf	מַדָף (ז)
Schrank (m)	aron bgadim	אָרוֹן בְּגָדִים (ז)
Hakenleiste (f)	mitle	מִתלֶה (ז)
Kleiderständer (m)	mitle	מִתלֶה (ז)
Kommode (f)	ʃida	שִידָה (נ)
Couchtisch (m)	ʃulxan itonim	שוּלחַן עִיתוֹנִים (ז)
Spiegel (m)	mar'a	מַראָה (נ)
Teppich (m)	ʃa'tiax	שָטִיחַ (ז)
Matte (kleiner Teppich)	ʃa'tiax	שָטִיחַ (ז)
Kamin (m)	ax	אָח (נ)
Kerze (f)	ner	נֵר (ז)
Kerzenleuchter (m)	pamot	פָּמוֹט (ז)
Vorhänge (pl)	vilonot	וִילוֹנוֹת (ז״ר)
Tapete (f)	tapet	טָפֶט (ז)
Jalousie (f)	trisim	תרִיסִים (ז״ר)
Tischlampe (f)	menorat ʃulxan	מְנוֹרַת שוּלחָן (נ)
Leuchte (f)	menorat kir	מְנוֹרַת קִיר (נ)
Stehlampe (f)	menora o'medet	מְנוֹרָה עוֹמֶדֶת (נ)
Kronleuchter (m)	niv'reʃet	נִברֶשֶת (נ)
Bein (Tischbein usw.)	'regel	רֶגֶל (נ)
Armlehne (f)	miʃ"enet yad	מִשעֶנֶת יָד (נ)
Lehne (f)	miʃ"enet	מִשעֶנֶת (נ)
Schublade (f)	megera	מְגֵירָה (נ)

65. Bettwäsche

Bettwäsche (f)	matsa'im	מַצָעִים (ז"ר)
Kissen (n)	karit	כָּרִית (נ)
Kissenbezug (m)	tsipit	צִיפִית (נ)
Bettdecke (f)	smixa	שְׂמִיכָה (נ)
Laken (n)	sadin	סָדִין (ז)
Tagesdecke (f)	kisui mita	כִּיסוּי מִיטָה (ז)

66. Küche

Küche (f)	mitbax	מִטְבָּח (ז)
Gas (n)	gaz	גַז (ז)
Gasherd (m)	tanur gaz	תַנוּר גָז (ז)
Elektroherd (m)	tanur xaʃmali	תַנוּר חַשְׁמַלִי (ז)
Backofen (m)	tanur afiya	תַנוּר אֲפִיָה (ז)
Mikrowellenherd (m)	mikrogal	מִיקרוֹגַל (ז)
Kühlschrank (m)	mekarer	מְקָרֵר (ז)
Tiefkühltruhe (f)	makpi	מַקפִּיא (ז)
Geschirrspülmaschine (f)	me'diax kelim	מֵדִיחַ כֵּלִים (ז)
Fleischwolf (m)	matxenat basar	מַטחֵנַת בָּשָׂר (נ)
Saftpresse (f)	masxeta	מַסחֵטָה (נ)
Toaster (m)	'toster	טוֹסטֶר (ז)
Mixer (m)	'mikser	מִיקסֶר (ז)
Kaffeemaschine (f)	mexonat kafe	מְכוֹנַת קָפֶה (נ)
Kaffeekanne (f)	findʒan	פִינגְ'אָן (ז)
Kaffeemühle (f)	matxenat kafe	מַטחֵנַת קָפֶה (נ)
Wasserkessel (m)	kumkum	קוּמקוּם (ז)
Teekanne (f)	kumkum	קוּמקוּם (ז)
Deckel (m)	mixse	מִכסֶה (ז)
Teesieb (n)	mis'nenet te	מְסַנֶנֶת תֵה (נ)
Löffel (m)	kaf	כַּף (נ)
Teelöffel (m)	kapit	כַּפִּית (נ)
Esslöffel (m)	kaf	כַּף (נ)
Gabel (f)	mazleg	מַזלֵג (ז)
Messer (n)	sakin	סַכִּין (נ, ז)
Geschirr (n)	kelim	כֵּלִים (ז"ר)
Teller (m)	tsa'laxat	צַלַחַת (נ)
Untertasse (f)	taxtit	תַחתִית (נ)
Schnapsglas (n)	kosit	כּוֹסִית (נ)
Glas (n)	kos	כּוֹס (נ)
Tasse (f)	'sefel	סֵפֶל (ז)
Zuckerdose (f)	mis'keret	מִסכֶּרֶת (נ)
Salzstreuer (m)	milxiya	מְלחִיָה (נ)
Pfefferstreuer (m)	pilpeliya	פִּלפְּלִיָה (נ)

Butterdose (f)	maxame'a	מַחְמָאָה (נ)
Kochtopf (m)	sir	סִיר (ז)
Pfanne (f)	maxvat	מַחְבַת (נ)
Schöpflöffel (m)	tarvad	תַרְוָד (ז)
Durchschlag (m)	mis'nenet	מִסְנֶנֶת (נ)
Tablett (n)	magaʃ	מַגָש (ז)
Flasche (f)	bakbuk	בַּקְבּוּק (ז)
Glas (Einmachglas)	tsin'tsenet	צִנְצֶנֶת (נ)
Dose (f)	paxit	פַּחִית (נ)
Flaschonöffner (m)	potxan bakbukim	פוֹתְחָן בַּקְבּוּקִים (ז)
Dosenöffner (m)	potxan kuʃsa'ot	פוֹתְחָן קוּפְסָאוֹת (ז)
Korkenzieher (m)	maxlets	מַחְלֵץ (ז)
Filter (n)	'filter	פִילְטֶר (ז)
filtern (vt)	lesanen	לְסַנֵן
Müll (m)	'zevel	זֶבֶל (ז)
Mülleimer, Treteimer (m)	pax 'zevel	פַּח זֶבֶל (ז)

67. Bad

Badezimmer (n)	xadar am'batya	חֲדַר אַמְבַּטְיָה (ז)
Wasser (n)	'mayim	מַיִם (ז"ר)
Wasserhahn (m)	'berez	בֶּרֶז (ז)
Warmwasser (n)	'mayim xamim	מַיִם חַמִים (ז"ר)
Kaltwasser (n)	'mayim karim	מַיִם קָרִים (ז"ר)
Zahnpasta (f)	miʃxat ʃi'nayim	מִשְחַת שִינַיִים (נ)
Zähne putzen	letsax'tseax ʃi'nayim	לְצַחְצֵחַ שִינַיִים
Zahnbürste (f)	miv'reʃet ʃi'nayim	מִבְרֶשֶת שִינַיִים (נ)
sich rasieren	lehitga'leax	לְהִתְגַלֵחַ
Rasierschaum (m)	'ketsef gi'luax	קֶצֶף גִילוּחַ (ז)
Rasierer (m)	'ta'ar	תַעַר (ז)
waschen (vt)	liʃtof	לִשְטוֹף
sich waschen	lehitraxets	לְהִתְרַחֵץ
Dusche (f)	mik'laxat	מִקְלַחַת (נ)
sich duschen	lehitka'leax	לְהִתְקַלֵחַ
Badewanne (f)	am'batya	אַמְבַּטְיָה (נ)
Klosettbecken (n)	asla	אַסְלָה (נ)
Waschbecken (n)	kiyor	כִּיוֹר (ז)
Seife (f)	sabon	סַבּוֹן (ז)
Seifenschale (f)	saboniya	סַבּוֹנִייָה (נ)
Schwamm (m)	sfog 'lifa	סְפוֹג לִיפָה (ז)
Shampoo (n)	ʃampu	שַמְפּוּ (ז)
Handtuch (n)	ma'gevet	מַגֶבֶת (נ)
Bademantel (m)	xaluk raxatsa	חָלוּק רַחְצָה (ז)
Wäsche (f)	kvisa	כְּבִיסָה (נ)
Waschmaschine (f)	mexonat kvisa	מְכוֹנַת כְּבִיסָה (נ)

waschen (vt)	leχabes	לְכַבֵּס
Waschpulver (n)	avkat kvisa	אֲבקַת כְּבִיסָה (נ)

68. Haushaltsgeräte

Fernseher (m)	tele'vizya	טֶלָוִוִיזיָה (נ)
Tonbandgerät (n)	teip	טייפ (ז)
Videorekorder (m)	maχʃir 'vide'o	מַכשִׁיר וִידֵאוֹ (ז)
Empfänger (m)	'radyo	רָדיוֹ (ז)
Player (m)	nagan	נַגָן (ז)
Videoprojektor (m)	makren	מַקרֵן (ז)
Heimkino (n)	kol'no'a beiti	קוֹלנוֹעַ בֵּיתִי (ז)
DVD-Player (m)	nagan dividi	נַגָן DVD (ז)
Verstärker (m)	magber	מַגבֵּר (ז)
Spielkonsole (f)	maχʃir plei'steiʃen	מַכשִׁיר פּלֵייסטֵיישֶׁן (ז)
Videokamera (f)	matslemat 'vide'o	מַצלֵמַת וִידֵאוֹ (נ)
Kamera (f)	matslema	מַצלֵמָה (נ)
Digitalkamera (f)	matslema digi'talit	מַצלֵמָה דִיגִיטָלִית (נ)
Staubsauger (m)	ʃo'ev avak	שׁוֹאֵב אָבָק (ז)
Bügeleisen (n)	maghets	מַגהֵץ (ז)
Bügelbrett (n)	'kereʃ gihuts	קֶרֶשׁ גִיהוּץ (ז)
Telefon (n)	'telefon	טֶלֶפוֹן (ז)
Mobiltelefon (n)	'telefon nayad	טֶלֶפוֹן נַיָיד (ז)
Schreibmaschine (f)	meχonat ktiva	מְכוֹנַת כּתִיבָה (נ)
Nähmaschine (f)	meχonat tfira	מְכוֹנַת תפִירָה (נ)
Mikrophon (n)	mikrofon	מִיקרוֹפוֹן (ז)
Kopfhörer (m)	ozniyot	אוֹזנִיוֹת (נ"ר)
Fernbedienung (f)	'ʃelet	שֶׁלֶט (ז)
CD (f)	taklitor	תַקלִיטוֹר (ז)
Kassette (f)	ka'letet	קַלֶטֶת (נ)
Schallplatte (f)	taklit	תַקלִיט (ז)

AKTIVITÄTEN DES MENSCHEN

Beruf. Geschäft. Teil 1

69. Büro. Arbeiten im Büro

Büro (Firmensitz)	misrad	מִשְׂרָד (ז)
Büro (~ des Direktors)	misrad	מִשְׂרָד (ז)
Rezeption (f)	kabala	קַבָּלָה (נ)
Sekretär (m)	mazkir	מַזְכִּיר (ז)
Sekretärin (f)	mazkira	מַזְכִּירָה (נ)
Direktor (m)	menahel	מְנַהֵל (ז)
Manager (m)	menahel	מְנַהֵל (ז)
Buchhalter (m)	menahel xeʃbonot	מְנַהֵל חֶשְׁבּוֹנוֹת (ז)
Mitarbeiter (m)	oved	עוֹבֵד (ז)
Möbel (n)	rehitim	רָהִיטִים (ז"ר)
Tisch (m)	ʃulxan	שׁוּלְחָן (ז)
Schreibtischstuhl (m)	kursa	כּוּרְסָה (נ)
Rollcontainer (m)	ʃidat megerot	שִׁידַת מְגֵירוֹת (נ)
Kleiderständer (m)	mitle	מִתְלֶה (ז)
Computer (m)	maxʃev	מַחְשֵׁב (ז)
Drucker (m)	mad'peset	מַדְפֶּסֶת (נ)
Fax (n)	faks	פַקְס (ז)
Kopierer (m)	mexonat tsilum	מְכוֹנַת צִילוּם (נ)
Papier (n)	neyar	נְיָיר (ז)
Büromaterial (n)	tsiyud misradi	צִיוּד מִשְׂרָדִי (ז)
Mousepad (n)	ʃa'tiax le'axbar	שְׁטִיחַ לְעַכְבָּר (ז)
Blatt (n) Papier	daf	דַף (ז)
Ordner (m)	klaser	קַלְסֵר (ז)
Katalog (m)	katalog	קָטָלוֹג (ז)
Adressbuch (n)	madrix 'telefon	מַדְרִיךְ טֶלֶפוֹן (ז)
Dokumentation (f)	ti'ud	תִיעוּד (ז)
Broschüre (f)	xo'veret	חוֹבֶרֶת (נ)
Flugblatt (n)	alon	עָלוֹן (ז)
Muster (n)	dugma	דוּגְמָה (נ)
Training (n)	yeʃivat hadraxa	יְשִׁיבַת הַדְרָכָה (נ)
Meeting (n)	yeʃiva	יְשִׁיבָה (נ)
Mittagspause (f)	hafsakat tsaha'rayim	הַפְסָקַת צָהֳרַיִים (נ)
eine Kopie machen	letsalem mismax	לְצַלֵם מִסְמָךְ
vervielfältigen (vt)	lehaxin mispar otakim	לְהָכִין מִסְפַּר עוֹתָקִים
ein Fax bekommen	lekabel faks	לְקַבֵּל פַקְס
ein Fax senden	liʃ'loax faks	לִשְׁלוֹחַ פַקְס

anrufen (vt)	lehitkašer	לְהִתְקַשֵּׁר
antworten (vi)	la'anot	לַעֲנוֹת
verbinden (vt)	lekašer	לְקַשֵּׁר
ausmachen (vt)	lik'bo'a pgiša	לִקְבּוֹעַ פְּגִישָׁה
demonstrieren (vt)	lehadgim	לְהַדְגִים
fehlen (am Arbeitsplatz ~)	lehe'ader	לְהֵיעָדֵר
Abwesenheit (f)	he'adrut	הֵיעָדְרוּת (נ)

70. Geschäftsabläufe. Teil 1

Geschäft (n) (z.B. ~ in Wolle)	'esek	עֵסֶק (ז)
Angelegenheit (f)	isuk	עִיסוּק (ז)
Firma (f)	xevra	חֶבְרָה (נ)
Gesellschaft (f)	xevra	חֶבְרָה (נ)
Konzern (m)	ta'agid	תַּאֲגִיד (ז)
Unternehmen (n)	'esek	עֵסֶק (ז)
Agentur (f)	soxnut	סוֹכְנוּת (נ)
Vereinbarung (f)	heskem	הֶסְכֵּם (ז)
Vertrag (m)	xoze	חוֹזֶה (ז)
Geschäft (Transaktion)	iska	עִסְקָה (נ)
Auftrag (Bestellung)	hazmana	הַזְמָנָה (נ)
Bedingung (f)	tnai	תְּנַאי (ז)
en gros (im Großen)	besitonut	בְּסִיטוֹנוּת
Großhandels-	sitona'i	סִיטוֹנָאִי
Großhandel (m)	sitonut	סִיטוֹנוּת (נ)
Einzelhandels-	kim'oni	קִמְעוֹנִי
Einzelhandel (m)	kim'onut	קִמְעוֹנוּת (נ)
Konkurrent (m)	mitxare	מִתְחָרֶה (ז)
Konkurrenz (f)	taxarut	תַּחֲרוּת (נ)
konkurrieren (vi)	lehitxarot	לְהִתְחָרוֹת
Partner (m)	šutaf	שׁוּתָף (ז)
Partnerschaft (f)	šutafa	שׁוּתָפוּת (נ)
Krise (f)	mašber	מַשְׁבֵּר (ז)
Bankrott (m)	pšitat 'regel	פְּשִׁיטַת רֶגֶל (נ)
Bankrott machen	liššot 'regel	לִפְשׁוֹט רֶגֶל
Schwierigkeit (f)	'koši	קוֹשִׁי (ז)
Problem (n)	be'aya	בְּעָיָה (נ)
Katastrophe (f)	ason	אָסוֹן (ז)
Wirtschaft (f)	kalkala	כַּלְכָּלָה (נ)
wirtschaftlich	kalkali	כַּלְכָּלִי
Rezession (f)	mitun kalkali	מִיתוּן כַּלְכָּלִי (ז)
Ziel (n)	matara	מַטָּרָה (נ)
Aufgabe (f)	mesima	מְשִׂימָה (נ)
handeln (Handel treiben)	lisxor	לִסְחוֹר
Netz (Verkaufs-)	'rešet	רֶשֶׁת (נ)

Lager (n)	maxsan	מַחְסָן (ז)
Sortiment (n)	mivxar	מִבְחָר (ז)
führende Unternehmen (n)	manhig	מַנְהִיג (ז)
groß (-e Firma)	gadol	גָדוֹל
Monopol (n)	'monopol	מוֹנוֹפּוֹל (ז)
Theorie (f)	te"orya	תֵיאוֹרְיָה (נ)
Praxis (f)	'praktika	פְּרַקְטִיקָה (נ)
Erfahrung (f)	nisayon	נִיסָיוֹן (ז)
Tendenz (f)	megama	מְגַמָה (נ)
Entwicklung (f)	pi'tuax	פִּיתוּחַ (ז)

71. Geschäftsabläufe. Teil 2

Vorteil (m)	'revax	רֶווַח (ז)
vorteilhaft	rivxi	רִווְחִי
Delegation (f)	miʃ'laxat	מִשְׁלַחַת (נ)
Lohn (m)	mas'koret	מַשְׂכּוֹרֶת (נ)
korrigieren (vt)	letaken	לְתַקֵן
Dienstreise (f)	nesi'a batafkid	נְסִיעָה בַּתַפְקִיד (נ)
Kommission (f)	amla	עַמְלָה (נ)
kontrollieren (vt)	liʃlot	לִשְׁלוֹט
Konferenz (f)	kinus	כִּינוּס (ז)
Lizenz (f)	riʃayon	רִישָׁיוֹן (ז)
zuverlässig	amin	אָמִין
Initiative (f)	yozma	יוֹזְמָה (נ)
Norm (f)	'norma	נוֹרְמָה (נ)
Umstand (m)	nesibot	נְסִיבּוֹת (נ"ר)
Pflicht (f)	xova	חוֹבָה (נ)
Unternehmen (n)	irgun	אִרְגוּן (ז)
Organisation (Prozess)	hit'argenut	הִתְאַרְגְנוּת (נ)
organisiert (Adj)	me'urgan	מְאוֹרְגָן
Abschaffung (f)	bitul	בִּיטוּל (ז)
abschaffen (vt)	levatel	לְבַטֵל
Bericht (m)	dox	דוֹ"ח (ז)
Patent (n)	patent	פָּטֶנט (ז)
patentieren (vt)	lirʃom patent	לִרְשׁוֹם פָּטֶנט
planen (vt)	letaxnen	לְתַכְנֵן
Prämie (f)	'bonus	בּוֹנוּס (ז)
professionell	miktso'i	מִקְצוֹעִי
Prozedur (f)	'nohal	נוֹהַל (ז)
prüfen (Vertrag ~)	livxon	לִבְחוֹן
Berechnung (f)	xiʃuv	חִישׁוּב (ז)
Ruf (m)	monitin	מוֹנִיטִין (ז"ר)
Risiko (n)	sikun	סִיכּוּן (ז)
leiten (vt)	lenahel	לְנַהֵל

Informationen (pl)	meida	מֵידָע (ז)
Eigentum (n)	ba'alut	בַּעֲלוּת (נ)
Bund (m)	igud	אִיגוּד (ז)
Lebensversicherung (f)	bi'tuax xayim	בִּיטוּחַ חַיִים (ז)
versichern (vt)	leva'teax	לְבַטֵחַ
Versicherung (f)	bi'tuax	בִּיטוּחַ (ז)
Auktion (f)	mexira 'pombit	מְכִירָה פּוּמְבִּית (נ)
benachrichtigen (vt)	leho'dia	לְהוֹדִיעַ
Verwaltung (f)	nihul	נִיהוּל (ז)
Dienst (m)	ʃirut	שֵׁירוּת (ז)
Forum (n)	'forum	פוֹרוּם (ז)
funktionieren (vi)	letafked	לְתַפְקֵד
Etappe (f)	ʃalav	שָׁלָב (ז)
juristisch	miʃpati	מִשְׁפָּטִי
Jurist (m)	orex din	עוֹרֵךְ דִין (ז)

72. Fertigung. Arbeiten

Werk (n)	mif'al	מִפְעָל (ז)
Fabrik (f)	beit xa'roʃet	בֵּית חָרוֹשֶׁת (ז)
Werkstatt (f)	agaf	אֲגַף (ז)
Betrieb (m)	mif'al	מִפְעָל (ז)
Industrie (f)	ta'asiya	תַעֲשִׂיָה (נ)
Industrie-	ta'asiyati	תַעֲשִׂיָתִי
Schwerindustrie (f)	ta'asiya kveda	תַעֲשִׂיָה כְּבֵדָה (נ)
Leichtindustrie (f)	ta'asiya kala	תַעֲשִׂיָה קַלָה (נ)
Produktion (f)	to'tseret	תוֹצֶרֶת (נ)
produzieren (vt)	leyatser	לְיַיצֵר
Rohstoff (m)	'xomer 'gelem	חוֹמֶר גֶלֶם (ז)
Vorarbeiter (m), Meister (m)	menahel avoda	מְנַהֵל עֲבוֹדָה (ז)
Arbeitsteam (n)	'tsevet ovdim	צֶוֶות עוֹבְדִים (ז)
Arbeiter (m)	po'el	פּוֹעֵל (ז)
Arbeitstag (m)	yom avoda	יוֹם עֲבוֹדָה (ז)
Pause (f)	hafsaka	הַפְסָקָה (נ)
Versammlung (f)	yeʃiva	יְשִׁיבָה (נ)
besprechen (vt)	ladun	לָדוּן
Plan (m)	toxnit	תוֹכְנִית (נ)
den Plan erfüllen	leva'tse'a et hatoxnit	לְבַצֵעַ אֶת הַתוֹכְנִית
Arbeitsertrag (m)	'ketsev tfuka	קֶצֶב תְפוּקָה (ז)
Qualität (f)	eixut	אֵיכוּת (נ)
Prüfung, Kontrolle (f)	bakara	בַּקָרָה (נ)
Gütekontrolle (f)	bakarat eixut	בַּקָרַת אֵיכוּת (נ)
Arbeitsplatzsicherheit (f)	betixut beavoda	בְּטִיחוּת בָּעֲבוֹדָה (נ)
Disziplin (f)	miʃma'at	מִשְׁמַעַת (נ)
Übertretung (f)	hafara	הֲפָרָה (נ)

übertreten (vt)	lehafer	לְהָפֵר
Streik (m)	ʃvita	שְׁבִיתָה (נ)
Streikender (m)	ʃovet	שׁוֹבֵת (ז)
streiken (vi)	liʃbot	לִשְׁבּוֹת
Gewerkschaft (f)	igud ovdim	אִיגוּד עוֹבְדִים (ז)
erfinden (vt)	lehamtsi	לְהַמְצִיא
Erfindung (f)	hamtsa'a	הַמְצָאָה (נ)
Erforschung (f)	meχkar	מֶחְקָר (ז)
verbessern (vt)	leʃaper	לְשַׁפֵּר
Technologie (f)	teχno'logya	טֶכְנוֹלוֹגְיָה (נ)
technische Zeichnung (f)	sirtut	שִׂרְטוּט (ז)
Ladung (f)	mit'an	מִטְעָן (ז)
Ladearbeiter (m)	sabal	סַבָּל (ז)
laden (vt)	leha'amis	לְהַעֲמִיס
Beladung (f)	ha'amasa	הַעֲמָסָה (נ)
entladen (vt)	lifrok mit'an	לִפְרוֹק מִטְעָן
Entladung (f)	prika	פְּרִיקָה (נ)
Transport (m)	hovala	הוֹבָלָה (נ)
Transportunternehmen (n)	χevrat hovala	חֶבְרַת הוֹבָלָה (נ)
transportieren (vt)	lehovil	לְהוֹבִיל
Güterwagen (m)	karon	קָרוֹן (ז)
Zisterne (f)	meχalit	מֵיכָלִית (נ)
Lastkraftwagen (m)	masa'it	מַשָּׂאִית (נ)
Werkzeugmaschine (f)	meχonat ibud	מְכוֹנַת עִיבּוּד (נ)
Mechanismus (m)	manganon	מַנְגָּנוֹן (ז)
Industrieabfälle (pl)	'psolet ta'asiyatit	פְּסוֹלֶת תַּעֲשִׂיָּתִית (נ)
Verpacken (n)	ariza	אֲרִיזָה (נ)
verpacken (vt)	le'eroz	לֶאֱרוֹז

73. Vertrag. Zustimmung

Vertrag (m), Auftrag (m)	χoze	חוֹזֶה (ז)
Vereinbarung (f)	heskem	הֶסְכֵּם (ז)
Anhang (m)	'sefaχ	סָפָח (ז)
einen Vertrag abschließen	la'aroχ heskem	לַעֲרוֹךְ הֶסְכֵּם
Unterschrift (f)	χatima	חָתִימָה (נ)
unterschreiben (vt)	laχtom	לַחְתּוֹם
Stempel (m)	χo'temet	חוֹתֶמֶת (נ)
Vertragsgegenstand (m)	nose haχoze	נוֹשֵׂא הַחוֹזֶה (ז)
Punkt (m)	se'if	סְעִיף (ז)
Parteien (pl)	tsdadim	צְדָדִים (ז״ר)
rechtmäßige Anschrift (f)	'ktovet miʃpatit	כְּתוֹבֶת מִשְׁפָּטִית (נ)
Vertrag brechen	lehafer χoze	לְהָפֵר חוֹזֶה
Verpflichtung (f)	hitχaivut	הִתְחַיְּיבוּת (נ)
Verantwortlichkeit (f)	aχrayut	אַחְרָיוּת (נ)

Force majeure (f)	'koax elyon	כּוֹחַ עֶלְיוֹן (ז)
Streit (m)	vi'kuax	וִיכּוּחַ (ז)
Strafsanktionen (pl)	itsumim	עִיצוּמִים (ז״ר)

74. Import & Export

Import (m)	ye'vu'a	יְבוּא (ז)
Importeur (m)	yevu'an	יְבוּאָן (ז)
importieren (vt)	leyabe	לְיַיבֵּא
Import-	meyuba	מְיוּבָּא
Export (m)	yitsu	יִצוּא (ז)
Exporteur (m)	yetsu'an	יְצוּאָן (ז)
exportieren (vt)	leyatse	לְיַיצֵּא
Export-	ʃel yitsu	שֶׁל יִצוּא
Waren (pl)	sxora	סְחוֹרָה (נ)
Partie (f), Ladung (f)	miʃ'loax	מִשְׁלוֹחַ (ז)
Gewicht (n)	miʃkal	מִשְׁקָל (ז)
Volumen (n)	'nefax	נֶפַח (ז)
Kubikmeter (m)	'meter me'ukav	מֶטֶר מְעוּקָב (ז)
Hersteller (m)	yatsran	יַצְרָן (ז)
Transportunternehmen (n)	xevrat hovala	חֶבְרַת הוֹבָלָה (נ)
Container (m)	mexula	מְכוֹלָה (נ)
Grenze (f)	gvul	גְבוּל (ז)
Zollamt (n)	'mexes	מֶכֶס (ז)
Zoll (m)	mas 'mexes	מַס מֶכֶס (ז)
Zollbeamter (m)	pakid 'mexes	פְּקִיד מֶכֶס (ז)
Schmuggel (m)	havraxa	הַבְרָחָה (נ)
Schmuggelware (f)	sxora muv'rexet	סְחוֹרָה מוּבְרַחַת (נ)

75. Finanzen

Aktie (f)	menaya	מְנָיָה (נ)
Obligation (f)	i'geret xov	אִיגֶּרֶת חוֹב (נ)
Wechsel (m)	ʃtar xalifin	שְׁטַר חֲלִיפִין (ז)
Börse (f)	'bursa	בּוּרְסָה (נ)
Aktienkurs (m)	mexir hamenaya	מְחִיר הַמְנָיָה (ז)
billiger werden	la'redet bemexir	לָרֶדֶת בְּמְחִיר
teuer werden	lehityaker	לְהִתְיַיקֵּר
Anteil (m)	menaya	מְנָיָה (נ)
Mehrheitsbeteiligung (f)	ʃlita	שְׁלִיטָה (נ)
Investitionen (pl)	haʃka'ot	הַשְׁקָעוֹת (נ״ר)
investieren (vt)	lehaʃki'a	לְהַשְׁקִיעַ
Prozent (n)	axuz	אָחוּז (ז)

Zinsen (pl)	ribit	רִיבִּית (נ)
Gewinn (m)	'revax	רֶוַוח (ז)
gewinnbringend	rivxi	רִוְוחִי
Steuer (f)	mas	מַס (ז)
Währung (f)	mat'be'a	מַטְבֵּעַ (ז)
Landes-	le'umi	לְאוּמִי
Geldumtausch (m)	hamara	הֲמָרָה (נ)
Buchhalter (m)	ro'e xeʃbon	רוֹאֵה חֶשְׁבּוֹן (ז)
Buchhaltung (f)	hanhalat xeʃbonot	הַנְהָלַת חֶשְׁבּוֹנוֹת (נ)
Bankrott (m)	pʃitat 'rogol	פְּשִׁיטַת רֶגֶל (נ)
Zusammenbruch (m)	krisa	קְרִיסָה (נ)
Pleite (f)	pʃitat 'regel	פְּשִׁיטַת רֶגֶל (נ)
pleite gehen	liʃfot 'regel	לִפְשׁוֹט רֶגֶל
Inflation (f)	inflatsya	אִינְפְלַצְיָה (נ)
Abwertung (f)	pixut	פִּיחוּת (ז)
Kapital (n)	hon	הוֹן (ז)
Einkommen (n)	haxnasa	הַכְנָסָה (נ)
Umsatz (m)	maxzor	מַחְזוֹר (ז)
Mittel (Reserven)	maʃabim	מַשְׁאַבִּים (ז״ר)
Geldmittel (pl)	emtsa'im kaspiyim	אֶמְצָעִים כַּסְפִּיִים (ז״ר)
Gemeinkosten (pl)	hotsa'ot	הוֹצָאוֹת (נ״ר)
reduzieren (vt)	letsamtsem	לְצַמְצֵם

76. Marketing

Marketing (n)	ʃivuk	שִׁיוּוּק (ז)
Markt (m)	ʃuk	שׁוּק (ז)
Marktsegment (n)	'pelax ʃuk	פֶּלַח שׁוּק (ז)
Produkt (n)	mutsar	מוּצָר (ז)
Waren (pl)	sxora	סְחוֹרָה (נ)
Schutzmarke (f)	mutag	מוּתָג (ז)
Handelsmarke (f)	'semel misxari	סֶמֶל מִסְחָרִי (ז)
Firmenzeichen (n)	'semel haxevra	סֶמֶל הַחֶבְרָה (ז)
Logo (n)	'logo	לוֹגוֹ (ז)
Nachfrage (f)	bikuʃ	בִּיקוּשׁ (ז)
Angebot (n)	he'tse'a	הֶיצֵעַ (ז)
Bedürfnis (n)	'tsorex	צוֹרֶךְ (ז)
Verbraucher (m)	tsarxan	צַרְכָן (ז)
Analyse (f)	ni'tuax	נִיתוּחַ (ז)
analysieren (vt)	lena'teax	לְנַתֵחַ
Positionierung (f)	mitsuv	מִיצוּב (ז)
positionieren (vt)	lematsev	לְמַצֵב
Preis (m)	mexir	מְחִיר (ז)
Preispolitik (f)	mediniyut timxur	מְדִינִיוּת תִמְחוּר (נ)
Preisbildung (f)	hamxara	הַמְחָרָה (נ)

77. Werbung

Werbung (f)	pirsum	פִּרְסוּם (ז)
werben (vt)	lefarsem	לְפַרְסֵם
Budget (n)	taktsiv	תַקְצִיב (ז)

Werbeanzeige (f)	pir'somet	פִּרְסוֹמֶת (נ)
Fernsehwerbung (f)	pir'somet tele'vizya	פִּרְסוֹמֶת טֶלֶוְוִיזְיָה (נ)
Radiowerbung (f)	pir'somet 'radyo	פִּרְסוֹמֶת רַדְיוֹ (נ)
Außenwerbung (f)	pirsum χutsot	פִּרְסוֹם חוּצוֹת (ז)

Massenmedien (pl)	emtsa'ei tik'∫oret hamonim	אֶמְצָעֵי תִקְשׁוֹרֶת הָמוֹנִים (ז״ר)
Zeitschrift (f)	ktav et	כְּתַב עֵת (ז)
Image (n)	tadmit	תַדְמִית (נ)

Losung (f)	sisma	סִיסְמָה (נ)
Motto (n)	'moto	מוֹטוֹ (ז)

Kampagne (f)	masa	מַסָע (ז)
Werbekampagne (f)	masa pirsum	מַסָע פִּרְסוּם (ז)
Zielgruppe (f)	oχlusiyat 'ya'ad	אוֹכְלוּסִיַית יַעַד (נ)

Visitenkarte (f)	kartis bikur	כַּרְטִיס בִּיקוּר (ז)
Flugblatt (n)	alon	עָלוֹן (ז)
Broschüre (f)	χo'veret	חוֹבֶרֶת (נ)
Faltblatt (n)	alon	עָלוֹן (ז)
Informationsblatt (n)	alon meida	עָלוֹן מֵידָע (ז)

Firmenschild (n)	'∫elet	שֶׁלֶט (ז)
Plakat (n)	'poster	פּוֹסְטֶר (ז)
Werbeschild (n)	'luaχ pirsum	לוּחַ פִּרְסוּם (ז)

78. Bankgeschäft

Bank (f)	bank	בַּנְק (ז)
Filiale (f)	snif	סְנִיף (ז)

Berater (m)	yo'ets	יוֹעֵץ (ז)
Leiter (m)	menahel	מְנַהֵל (ז)

Konto (n)	χe∫bon	חֶשְׁבּוֹן (ז)
Kontonummer (f)	mispar χe∫bon	מִסְפַּר חֶשְׁבּוֹן (ז)
Kontokorrent (n)	χe∫bon over va∫av	חֶשְׁבּוֹן עוֹבֵר וָשָׁב (ז)
Sparkonto (n)	χe∫bon χisaχon	חֶשְׁבּוֹן חִסָכוֹן (ז)

ein Konto eröffnen	lif'toaχ χe∫bon	לִפְתוֹחַ חֶשְׁבּוֹן
das Konto schließen	lisgor χe∫bon	לִסְגוֹר חֶשְׁבּוֹן
einzahlen (vt)	lehafkid leχe∫bon	לְהַפְקִיד לְחֶשְׁבּוֹן
abheben (vt)	lim∫oχ meχe∫bon	לִמְשׁוֹךְ מֵחֶשְׁבּוֹן

Einzahlung (f)	pikadon	פִּיקָדוֹן (ז)
eine Einzahlung machen	lehafkid	לְהַפְקִיד
Überweisung (f)	ha'avara banka'it	הַעֲבָרָה בַּנְקָאִית (נ)

überweisen (vt)	leha'avir 'kesef	לְהַעֲבִיר כֶּסֶף
Summe (f)	sχum	סְכוּם (ז)
Wieviel?	'kama?	כַּמָּה?
Unterschrift (f)	χatima	חֲתִימָה (נ)
unterschreiben (vt)	laχtom	לַחְתוֹם
Kreditkarte (f)	kartis aʃrai	כַּרְטִיס אַשְׁרַאי (ז)
Code (m)	kod	קוֹד (ז)
Kreditkartennummer (f)	mispar kartis aʃrai	מִסְפַּר כַּרְטִיס אַשְׁרַאי (ז)
Geldautomat (m)	kaspomat	כַּסְפּוֹמָט (ז)
Scheck (m)	tʃek	צֶ׳ק (ז)
einen Scheck schreiben	liχtov tʃek	לִכְתוֹב צֶ׳ק
Scheckbuch (n)	pinkas 'tʃekim	פִּנְקַס צֶ׳קִים (ז)
Darlehen (m)	halva'a	הַלְוָאָה (נ)
ein Darlehen beantragen	levakeʃ halva'a	לְבַקֵּשׁ הַלְוָאָה
ein Darlehen aufnehmen	lekabel halva'a	לְקַבֵּל הַלְוָאָה
ein Darlehen geben	lehalvot	לְהַלְווֹת
Sicherheit (f)	arvut	עַרְבוּת (נ)

79. Telefon. Telefongespräche

Telefon (n)	'telefon	טֶלֶפוֹן (ז)
Mobiltelefon (n)	'telefon nayad	טֶלֶפוֹן נַיָּיד (ז)
Anrufbeantworter (m)	meʃivon	מְשִׁיבוֹן (ז)
anrufen (vt)	letsaltsel	לְצַלְצֵל
Anruf (m)	siχat 'telefon	שִׂיחַת טֶלֶפוֹן (נ)
eine Nummer wählen	leχayeg mispar	לְחַיֵּיג מִסְפָּר
Hallo!	'halo!	הָלוֹ!
fragen (vt)	liʃ'ol	לִשְׁאוֹל
antworten (vi)	la'anot	לַעֲנוֹת
hören (vt)	liʃ'mo'a	לִשְׁמוֹעַ
gut (~ aussehen)	tov	טוֹב
schlecht (Adv)	lo tov	לֹא טוֹב
Störungen (pl)	hafra'ot	הַפְרָעוֹת (נ״ר)
Hörer (m)	ʃfo'feret	שְׁפוֹפֶרֶת (נ)
den Hörer abnehmen	leharim ʃfo'feret	לְהָרִים שְׁפוֹפֶרֶת
auflegen (den Hörer ~)	leha'niaχ ʃfo'feret	לְהָנִיחַ שְׁפוֹפֶרֶת
besetzt	tafus	תָּפוּס
läuten (vi)	letsaltsel	לְצַלְצֵל
Telefonbuch (n)	'sefer tele'fonim	סֵפֶר טֶלֶפוֹנִים (ז)
Orts-	mekomi	מְקוֹמִי
Ortsgespräch (n)	siχa mekomit	שִׂיחָה מְקוֹמִית (נ)
Auslands-	benle'umi	בֵּינְלְאוּמִי
Auslandsgespräch (n)	siχa benle'umit	שִׂיחָה בֵּינְלְאוּמִית (נ)
Fern-	bein ironi	בֵּין עִירוֹנִי
Ferngespräch (n)	siχa bein ironit	שִׂיחָה בֵּין עִירוֹנִית (נ)

80. Mobiltelefon

Mobiltelefon (n)	'telefon nayad	טֶלֶפוֹן נַיָּיד (ז)
Display (n)	masax	מָסָךְ (ז)
Knopf (m)	kaftor	כַּפְתּוֹר (ז)
SIM-Karte (f)	kartis sim	כַּרְטִיס סִים (ז)
Batterie (f)	solela	סוֹלְלָה (נ)
leer sein (Batterie)	lehitroken	לְהִתְרוֹקֵן
Ladegerät (n)	mit'an	מִטְעָן (ז)
Menü (n)	tafrit	תַפְרִיט (ז)
Einstellungen (pl)	hagdarot	הַגְדָרוֹת (נ״ר)
Melodie (f)	mangina	מַנְגִּינָה (נ)
auswählen (vt)	livxor	לִבְחוֹר
Rechner (m)	maxʃevon	מַחְשְׁבוֹן (ז)
Anrufbeantworter (m)	ta koli	תָא קוֹלִי (ז)
Wecker (m)	ʃa'on me'orer	שָׁעוֹן מְעוֹרֵר (ז)
Kontakte (pl)	anʃei 'keʃer	אַנְשֵׁי קֶשֶׁר (ז״ר)
SMS-Nachricht (f)	misron	מִסְרוֹן (ז)
Teilnehmer (m)	manui	מָנוּי (ז)

81. Bürobedarf

Kugelschreiber (m)	et kaduri	עֵט כַּדּוּרִי (ז)
Federhalter (m)	et no've'a	עֵט נוֹבֵעַ (ז)
Bleistift (m)	iparon	עִיפָּרוֹן (ז)
Faserschreiber (m)	'marker	מַרְקֵר (ז)
Filzstift (m)	tuʃ	טוּשׁ (ז)
Notizblock (m)	pinkas	פִּנְקָס (ז)
Terminkalender (m)	yoman	יוֹמָן (ז)
Lineal (n)	sargel	סַרְגֵל (ז)
Rechner (m)	maxʃevon	מַחְשְׁבוֹן (ז)
Radiergummi (m)	'maxak	מַחַק (ז)
Reißzwecke (f)	'na'ats	נֵעֵץ (ז)
Heftklammer (f)	mehadek	מְהַדֵק (ז)
Klebstoff (m)	'devek	דֶבֶק (ז)
Hefter (m)	ʃadxan	שַׁדְכָן (ז)
Locher (m)	menakev	מְנַקֵב (ז)
Bleistiftspitzer (m)	maxded	מַחְדֵד (ז)

82. Geschäftsarten

Buchführung (f)	ʃerutei hanhalat xeʃbonot	שֵׁירוּתֵי הַנְהָלַת חֶשְׁבּוֹנוֹת (ז״ר)
Werbung (f)	pirsum	פִּרְסוּם (ז)

Werbeagentur (f)	soxnut pirsum	סוֹכְנוּת פִּרְסוּם (נ)
Klimaanlagen (pl)	mazganim	מַזְגָּנִים (ז"ר)
Fluggesellschaft (f)	xevrat te'ufa	חֶבְרַת תְּעוּפָה (נ)
Spirituosen (pl)	maʃka'ot xarifim	מַשְׁקָאוֹת חָרִיפִים (נ"ר)
Antiquitäten (pl)	atikot	עַתִּיקוֹת (נ"ר)
Kunstgalerie (f)	ga'lerya le'amanut	גָּלֶרְיָה לְאָמָנוּת (נ)
Rechnungsprüfung (f)	ʃerutei bi'koret xeʃbonot	שֵׁירוּתֵי בִּיקוֹרֶת חֶשְׁבּוֹנוֹת (ז"ר)
Bankwesen (n)	banka'ut	בַּנְקָאוּת (נ)
Bar (f)	bar	בָּר (ז)
Schönheitssalon (m)	mexon 'yofi	מְכוֹן יוֹפִי (ז)
Buchhandlung (f)	xanut sfarim	חֲנוּת סְפָרִים (נ)
Bierbrauerei (f)	mivʃelet 'bira	מִבְשֶׁלֶת בִּירָה (נ)
Bürogebäude (n)	merkaz asakim	מֶרְכַּז עֲסָקִים (ז)
Business-Schule (f)	beit 'sefer le'asakim	בֵּית סֵפֶר לַעֲסָקִים (ז)
Kasino (n)	ka'zino	קָזִינוֹ (ז)
Bau (m)	bniya	בְּנִיָּה (נ)
Beratung (f)	yi'uts	יִיעוּץ (ז)
Stomatologie (f)	mirpa'at ʃi'nayim	מִרְפָּאַת שִׁינַיִים (נ)
Design (n)	itsuv	עִיצוּב (ז)
Apotheke (f)	beit mir'kaxat	בֵּית מִרְקַחַת (ז)
chemische Reinigung (f)	nikui yaveʃ	נִיקּוּי יָבֵשׁ (ז)
Personalagentur (f)	soxnut 'koax adam	סוֹכְנוּת כּוֹחַ אָדָם (נ)
Finanzdienstleistungen (pl)	ʃerutim fi'nansim	שֵׁירוּתִים פִינַנְסִיִים (ז"ר)
Nahrungsmittel (pl)	mutsrei mazon	מוּצְרֵי מָזוֹן (ז"ר)
Bestattungsinstitut (n)	beit levayot	בֵּית לְוָיוֹת (ז)
Möbel (n)	rehitim	רָהִיטִים (ז"ר)
Kleidung (f)	bgadim	בְּגָדִים (ז"ר)
Hotel (n)	beit malon	בֵּית מָלוֹן (ז)
Eis (n)	'glida	גְּלִידָה (נ)
Industrie (f)	ta'asiya	תַּעֲשִׂיָּיה (נ)
Versicherung (f)	bi'tuax	בִּיטוּחַ (ז)
Internet (n)	'internet	אִינְטֶרְנֶט (ז)
Investitionen (pl)	haʃka'ot	הַשְׁקָעוֹת (נ"ר)
Juwelier (m)	tsoref	צוֹרֵף (ז)
Juwelierwaren (pl)	taxʃitim	תַּכְשִׁיטִים (ז"ר)
Wäscherei (f)	mixbasa	מִכְבָּסָה (נ)
Rechtsberatung (f)	yo'ets miʃpati	יוֹעֵץ מִשְׁפָּטִי (ז)
Leichtindustrie (f)	ta'asiya kala	תַּעֲשִׂיָּיה קַלָּה (נ)
Zeitschrift (f)	ʒurnal	ז'וּרְנָל (ז)
Versandhandel (m)	mexira be'do'ar	מְכִירָה בְּדוֹאַר (נ)
Medizin (f)	refu'a	רְפוּאָה (נ)
Kino (Filmtheater)	kol'no'a	קוֹלְנוֹעַ (ז)
Museum (n)	muze'on	מוּזֵיאוֹן (ז)
Nachrichtenagentur (f)	soxnut yedi'ot	סוֹכְנוּת יְדִיעוֹת (נ)
Zeitung (f)	iton	עִיתּוֹן (ז)
Nachtklub (m)	mo'adon 'laila	מוֹעֲדוֹן לַיְלָה (ז)
Erdöl (n)	neft	נֵפְט (ז)

Kurierdienst (m)	ʃirut ʃliχim	שירות שליחים (ז)
Pharmaindustrie (f)	rokχut	רוֹקְחוּת (נ)
Druckindustrie (f)	beit dfus	בֵּית דְפוּס (ז)
Verlag (m)	hotsa'a la'or	הוֹצָאָה לָאוֹר (נ)

Rundfunk (m)	'radyo	רָדִיוֹ (ז)
Immobilien (pl)	nadlan	נַדְלָ"ן (ז)
Restaurant (n)	mis'ada	מִסְעָדָה (נ)

Sicherheitsagentur (f)	χevrat ʃmira	חָבְרַת שמִירָה (נ)
Sport (m)	sport	סְפּוֹרט (ז)
Börse (f)	'bursa	בּוּרְסָה (נ)
Laden (m)	χanut	חָנוּת (נ)
Supermarkt (m)	super'market	סוּפֶּרְמַרְקֶט (ז)
Schwimmbad (n)	breχat sχiya	בּרֵיכַת שחִייָה (נ)

Atelier (n)	mitpara	מִתְפָּרָה (נ)
Fernsehen (n)	tele'vizya	טֶלֶוִוזִיָה (נ)
Theater (n)	te'atron	תֵיאַטרוֹן (ז)
Handel (m)	misχar	מִסְחָר (ז)
Transporte (pl)	hovalot	הוֹבָלוֹת (נ"ר)
Reisen (pl)	tayarut	תַיָירוּת (נ)

Tierarzt (m)	veterinar	וֶטֶרִינָר (ז)
Warenlager (n)	maχsan	מַחסָן (ז)
Müllabfuhr (f)	isuf 'zevel	אִיסוּף זָבָל (ז)

Arbeit. Geschäft. Teil 2

83. Show. Ausstellung

Ausstellung (f)	ta'aruxa	תַּעֲרוּכָה (נ)
Handelsausstellung (f)	ta'aruxa misxarit	תַּעֲרוּכָה מִסְחָרִית (נ)
Teilnahme (f)	hiʃtatfut	הִשְׁתַּתְּפוּת (נ)
teilnehmen (vi)	lehiʃtatef	לְהִשְׁתַּתֵּף
Teilnehmer (m)	miʃtatef	מִשְׁתַּתֵּף (ז)
Direktor (m)	menahel	מְנַהֵל (ז)
Messeverwaltung (f)	misrad hame'argenim	מִשְׂרַד הַמְאַרְגְּנִים (ז)
Organisator (m)	me'argen	מְאַרְגֵּן (ז)
veranstalten (vt)	le'argen	לְאַרְגֵּן
Anmeldeformular (n)	'tofes hiʃtatfut	טוֹפֶס הִשְׁתַּתְּפוּת (ז)
ausfüllen (vt)	lemale	לְמַלֵּא
Details (pl)	pratim	פְּרָטִים (ז״ר)
Information (f)	meida	מֵידָע (ז)
Preis (m)	mexir	מְחִיר (ז)
einschließlich	kolel	כּוֹלֵל
einschließen (vt)	lixlol	לִכְלוֹל
zahlen (vt)	leʃalem	לְשַׁלֵּם
Anmeldegebühr (f)	dmei riʃum	דְּמֵי רִישׁוּם (ז״ר)
Eingang (m)	knisa	כְּנִיסָה (נ)
Pavillon (m)	bitan	בִּיתָן (ז)
registrieren (vt)	lirʃom	לִרְשׁוֹם
Namensschild (n)	tag	תָּג (ז)
Stand (m)	duxan	דּוּכָן (ז)
reservieren (vt)	liʃmor	לִשְׁמוֹר
Vitrine (f)	madaf tetsuga	מַדָּף תְּצוּגָה (ז)
Strahler (m)	menorat spot	מְנוֹרַת סְפּוֹט (נ)
Design (n)	itsuv	עִיצוּב (ז)
stellen (vt)	la'arox	לַעֲרוֹךְ
gelegen sein	lehimatse	לְהִימָּצֵא
Distributor (m)	mefits	מֵפִיץ (ז)
Lieferant (m)	sapak	סַפָּק (ז)
liefern (vt)	lesapek	לְסַפֵּק
Land (n)	medina	מְדִינָה (נ)
ausländisch	mexul	מְחוּ״ל
Produkt (n)	mutsar	מוּצָר (ז)
Assoziation (f)	amuta	עֲמוּתָה (נ)
Konferenzraum (m)	ulam knasim	אוּלָם כְּנָסִים (ז)

Kongress (m)	kongres	קוֹנגרֶס (ז)
Wettbewerb (m)	taxarut	תַחָרוּת (נ)
Besucher (m)	mevaker	מְבַקֵר (ז)
besuchen (vt)	levaker	לְבַקֵר
Auftraggeber (m)	la'koax	לָקוֹחַ (ז)

84. Wissenschaft. Forschung. Wissenschaftler

Wissenschaft (f)	mada	מַדָע (ז)
wissenschaftlich	mada'i	מַדָעִי
Wissenschaftler (m)	madʿan	מַדעָן (ז)
Theorie (f)	te"orya	תֵיאוֹריָה (נ)
Axiom (n)	aks'yoma	אַקסיוֹמָה (נ)
Analyse (f)	ni'tuax	נִיתוּחַ (ז)
analysieren (vt)	lena'teax	לְנַתֵחַ
Argument (n)	nimuk	נִימוּק (ז)
Substanz (f)	'xomer	חוֹמֶר (ז)
Hypothese (f)	hipo'teza	הִיפּוֹתֶזָה (נ)
Dilemma (n)	di'lema	דִילֶמָה (נ)
Dissertation (f)	diser'tatsya	דִיסֶרטַציָה (נ)
Dogma (n)	'dogma	דוֹגמָה (נ)
Doktrin (f)	dok'trina	דוֹקטרִינָה (נ)
Forschung (f)	mexkar	מֶחקָר (ז)
forschen (vi)	laxkor	לַחקוֹר
Kontrolle (f)	nuisuyim	נִיסוּיִים (ז״ר)
Labor (n)	ma'abada	מַעֲבָּדָה (נ)
Methode (f)	ʃita	שִיטָה (נ)
Molekül (n)	mo'lekula	מוֹלֶקוּלָה (נ)
Monitoring (n)	nitur	נִיטוּר (ז)
Entdeckung (f)	gilui	גִילוּי (ז)
Postulat (n)	aks'yoma	אַקסיוֹמָה (נ)
Prinzip (n)	ikaron	עִיקָרוֹן (ז)
Prognose (f)	taxazit	תַחָזִית (נ)
prognostizieren (vt)	laxazot	לַחֲזוֹת
Synthese (f)	sin'teza	סִינתֶזָה (נ)
Tendenz (f)	megama	מְגָמָה (נ)
Theorem (n)	miʃpat	מִשפָּט (ז)
Lehre (Doktrin)	tora	תוֹרָה (נ)
Tatsache (f)	uvda	עוּבדָה (נ)
Expedition (f)	miʃ'laxat	מִשלַחַת (נ)
Experiment (n)	nisui	נִיסוּי (ז)
Akademiemitglied (n)	akademai	אָקָדֵמַאי (ז)
Bachelor (m)	'to'ar riʃon	תוֹאַר רִאשוֹן (ז)
Doktor (m)	'doktor	דוֹקטוֹר (ז)
Dozent (m)	martse baxir	מַרצֶה בָּכִיר (ז)

Magister (m)	musmaχ	מוּסְמָךְ (т)
Professor (m)	pro'fesor	פְּרוֹפֶסוֹר (т)

Berufe und Tätigkeiten

85. Arbeitsuche. Kündigung

Arbeit (f), Stelle (f)	avoda	עֲבוֹדָה (נ)
Belegschaft (f)	'segel	סֶגֶל (ז)
Personal (n)	'segel	סֶגֶל (ז)
Karriere (f)	kar'yera	קְרְיָירָה (נ)
Perspektive (f)	efʃaruyot	אֶפְשָׁרֻיּוֹת (נ״ר)
Können (n)	meyumanut	מְיֻמָּנוּת (נ)
Auswahl (f)	sinun	סִינּוּן (ז)
Personalagentur (f)	soxnut 'koax adam	סוֹכְנוּת כּוֹחַ אָדָם (נ)
Lebenslauf (m)	korot xayim	קוֹרוֹת חַיִּים (נ״ר)
Vorstellungsgespräch (n)	ra'ayon avoda	רַאֲיוֹן עֲבוֹדָה (ז)
Vakanz (f)	misra pnuya	מִשְׂרָה פְּנוּיָה (נ)
Gehalt (n)	mas'koret	מַשְׂכּוֹרֶת (נ)
festes Gehalt (n)	mas'koret kvu'a	מַשְׂכּוֹרֶת קְבוּעָה (נ)
Arbeitslohn (m)	taʃlum	תַּשְׁלוּם (ז)
Stellung (f)	tafkid	תַּפְקִיד (ז)
Pflicht (f)	xova	חוֹבָה (נ)
Aufgabenspektrum (n)	txum axrayut	תְּחוּם אַחְרָיוּת (ז)
beschäftigt	asuk	עָסוּק
kündigen (vt)	lefater	לְפַטֵּר
Kündigung (f)	pitur	פִּיטּוּר (ז)
Arbeitslosigkeit (f)	avtala	אַבְטָלָה (נ)
Arbeitslose (m)	muvtal	מוּבְטָל (ז)
Rente (f), Ruhestand (m)	'pensya	פֶּנְסְיָה (נ)
in Rente gehen	latset legimla'ot	לָצֵאת לְגִימְלָאוֹת

86. Geschäftsleute

Direktor (m)	menahel	מְנַהֵל (ז)
Leiter (m)	menahel	מְנַהֵל (ז)
Boss (m)	bos	בּוֹס (ז)
Vorgesetzte (m)	memune	מְמוּנֶה (ז)
Vorgesetzten (pl)	memunim	מְמוּנִים (ז״ר)
Präsident (m)	nasi	נָשִׂיא (ז)
Vorsitzende (m)	yoʃev roʃ	יוֹשֵׁב רֹאשׁ (ז)
Stellvertreter (m)	sgan	סְגַן (ז)
Helfer (m)	ozer	עוֹזֵר (ז)

Sekretär (m)	mazkir	מַזְכִּיר (ז)
Privatsekretär (m)	mazkir iʃi	מַזְכִּיר אִישִׁי (ז)
Geschäftsmann (m)	iʃ asakim	אִישׁ עֲסָקִים (ז)
Unternehmer (m)	yazam	יָזָם (ז)
Gründer (m)	meyased	מְיַסֵד (ז)
gründen (vt)	leyased	לְיַסֵד
Gründungsmitglied (n)	meχonen	מְכוֹנֵן (ז)
Partner (m)	ʃutaf	שׁוּתָף (ז)
Aktionär (m)	'ba'al menayot	בַּעַל מְנָיוֹת (ז)
Millionär (m)	milyoner	מִילְיוֹנֵר (ז)
Milliardär (m)	milyarder	מִילְיַארְדֶר (ז)
Besitzer (m)	be'alim	בְּעָלִים (ז)
Landbesitzer (m)	'ba'al adamot	בַּעַל אֲדָמוֹת (ז)
Kunde (m)	la'koaχ	לָקוֹחַ (ז)
Stammkunde (m)	la'koaχ ka'vu'a	לָקוֹחַ קָבוּעַ (ז)
Käufer (m)	kone	קוֹנֶה (ז)
Besucher (m)	mevaker	מְבַקֵר (ז)
Fachmann (m)	miktso'an	מִקצוֹעָן (ז)
Experte (m)	mumχe	מוּמחֶה (ז)
Spezialist (m)	mumχe	מוּמחֶה (ז)
Bankier (m)	bankai	בַּנקַאי (ז)
Makler (m)	soχen	סוֹכֵן (ז)
Kassierer (m)	kupai	קוּפַּאי (ז)
Buchhalter (m)	menahel χeʃbonot	מְנַהֵל חָשׁבּוֹנוֹת (ז)
Wächter (m)	ʃomer	שׁוֹמֵר (ז)
Investor (m)	maʃ'ki'a	מַשׁקִיעַ (ז)
Schuldner (m)	'ba'al χov	בַּעַל חוֹב (ז)
Gläubiger (m)	malve	מַלוֶוה (ז)
Kreditnehmer (m)	love	לוֹוֶה (ז)
Importeur (m)	yevu'an	יְבוּאָן (ז)
Exporteur (m)	yetsu'an	יְצוּאָן (ז)
Hersteller (m)	yatsran	יַצרָן (ז)
Distributor (m)	mefits	מֵפִיץ (ז)
Vermittler (m)	metaveχ	מְתַוֵוך (ז)
Berater (m)	yo'ets	יוֹעֵץ (ז)
Vertreter (m)	natsig meχirot	נָצִיג מְכִירוֹת (ז)
Agent (m)	soχen	סוֹכֵן (ז)
Versicherungsagent (m)	soχen bi'tuaχ	סוֹכֵן בִּיטוּחַ (ז)

87. Dienstleistungsberufe

Koch (m)	tabaχ	טַבָּח (ז)
Chefkoch (m)	ʃef	שֶׁף (ז)

Bäcker (m)	ofe	אוֹפֶה (ז)
Barmixer (m)	'barmen	בַּרמֶן (ז)
Kellner (m)	meltsar	מֶלצָר (ז)
Kellnerin (f)	meltsarit	מֶלצָרִית (נ)

Rechtsanwalt (m)	orex din	עוֹרֵך דִין (ז)
Jurist (m)	orex din	עוֹרֵך דִין (ז)
Notar (m)	notaryon	נוֹטָריוֹן (ז)

Elektriker (m)	xaʃmalai	חַשמַלאַי (ז)
Klempner (m)	ʃravrav	שרַבּרָב (ז)
Zimmermann (m)	nagar	נַגָר (ז)

Masseur (m)	ma'ase	מְעַסֶה (ז)
Masseurin (f)	masa'ʒistit	מַסָ'זִיסטִית (נ)
Arzt (m)	rofe	רוֹפֵא (ז)

Taxifahrer (m)	nahag monit	נֶהָג מוֹנִית (ז)
Fahrer (m)	nahag	נֶהָג (ז)
Ausfahrer (m)	ʃa'liax	שָלִיחַ (ז)

Zimmermädchen (n)	xadranit	חַדרָנִית (נ)
Wächter (m)	ʃomer	שוֹמֵר (ז)
Flugbegleiterin (f)	da'yelet	דַייֶלֶת (נ)

Lehrer (m)	more	מוֹרֶה (ז)
Bibliothekar (m)	safran	סַפרָן (ז)
Übersetzer (m)	metargem	מְתַרגֵם (ז)
Dolmetscher (m)	meturgeman	מְתוּרגְמָן (ז)
Fremdenführer (m)	madrix tiyulim	מַדרִיך טִיוּלִים (ז)

Friseur (m)	sapar	סַפָּר (ז)
Briefträger (m)	davar	דַוָור (ז)
Verkäufer (m)	moxer	מוֹכֵר (ז)

Gärtner (m)	ganan	גַנָן (ז)
Diener (m)	meʃaret	מְשָרֵת (ז)
Magd (f)	meʃa'retet	מְשָרֶתֶת (נ)
Putzfrau (f)	menaka	מְנַקָה (נ)

88. Militärdienst und Ränge

einfacher Soldat (m)	turai	טוּרַאי (ז)
Feldwebel (m)	samal	סַמָל (ז)
Leutnant (m)	'segen	סֶגֶן (ז)
Hauptmann (m)	'seren	סֶרֶן (ז)

Major (m)	rav 'seren	רַב־סֶרֶן (ז)
Oberst (m)	aluf miʃne	אַלוּף מִשנֶה (ז)
General (m)	aluf	אַלוּף (ז)
Marschall (m)	'marʃal	מַרשָל (ז)
Admiral (m)	admiral	אַדמִירָל (ז)
Militärperson (f)	iʃ tsava	אִיש צָבָא (ז)
Soldat (m)	xayal	חַיָיל (ז)

Offizier (m)	katsin	קָצִין (ז)
Kommandeur (m)	mefaked	מְפַקֵד (ז)
Grenzsoldat (m)	ʃomer gvul	שׁוֹמֵר גְבוּל (ז)
Funker (m)	alχutai	אַלחוּטַאי (ז)
Aufklärer (m)	iʃ modi'in kravi	אִישׁ מוֹדִיעִין קְרָבִי (ז)
Pionier (m)	χablan	חַבְּלָן (ז)
Schütze (m)	tsalaf	צַלָּף (ז)
Steuermann (m)	navat	נַוָּט (ז)

89. Beamte. Priester

König (m)	'meleχ	מֶלֶךְ (ז)
Königin (f)	malka	מַלְכָּה (נ)
Prinz (m)	nasiχ	נָסִיךְ (ז)
Prinzessin (f)	nesiχa	נְסִיכָה (נ)
Zar (m)	tsar	צָאר (ז)
Zarin (f)	tsa'rina	צָארִינָה (נ)
Präsident (m)	nasi	נָשִׂיא (ז)
Minister (m)	sar	שַׂר (ז)
Ministerpräsident (m)	roʃ memʃala	רֹאשׁ מֶמְשָׁלָה (ז)
Senator (m)	se'nator	סֶנָאטוֹר (ז)
Diplomat (m)	diplomat	דִיפלוֹמָט (ז)
Konsul (m)	'konsul	קוֹנסוּל (ז)
Botschafter (m)	ʃagrir	שַׁגְרִיר (ז)
Ratgeber (m)	yo'ets	יוֹעֵץ (ז)
Beamte (m)	pakid	פָּקִיד (ז)
Präfekt (m)	prefekt	פְּרֶפֶקט (ז)
Bürgermeister (m)	roʃ ha'ir	רֹאשׁ הָעִיר (ז)
Richter (m)	ʃofet	שׁוֹפֵט (ז)
Staatsanwalt (m)	to've'a	תּוֹבֵעַ (ז)
Missionar (m)	misyoner	מִיסיוֹנֶר (ז)
Mönch (m)	nazir	נָזִיר (ז)
Abt (m)	roʃ minzar ka'toli	רֹאשׁ מִנזָר קָתוֹלִי (ז)
Rabbiner (m)	rav	רַב (ז)
Wesir (m)	vazir	וָזִיר (ז)
Schah (n)	ʃaχ	שָׁאח (ז)
Scheich (m)	ʃeiχ	שֵׁיח (ז)

90. Landwirtschaftliche Berufe

Bienenzüchter (m)	kavran	כַּווְרָן (ז)
Hirt (m)	ro'e tson	רוֹעֵה צֹאן (ז)
Agronom (m)	agronom	אַגרוֹנוֹם (ז)

Viehzüchter (m)	megadel bakar	מְגַדֵּל בָּקָר (ז)
Tierarzt (m)	veterinar	וֶטֶרִינָר (ז)
Farmer (m)	χavai	חַוַּאי (ז)
Winzer (m)	yeinan	יֵינָן (ז)
Zoologe (m)	zo'olog	זוֹאוֹלוֹג (ז)
Cowboy (m)	'ka'uboi	קָאוּבּוֹי (ז)

91. Künstler

Schauspieler (m)	saχkan	שַׂחְקָן (ז)
Schauspielerin (f)	saχkanit	שַׂחְקָנִית (נ)
Sänger (m)	zamar	זַמָּר (ז)
Sängerin (f)	za'meret	זַמֶּרֶת (נ)
Tänzer (m)	rakdan	רַקְדָן (ז)
Tänzerin (f)	rakdanit	רַקְדָנִית (נ)
Künstler (m)	saχkan	שַׂחְקָן (ז)
Künstlerin (f)	saχkanit	שַׂחְקָנִית (נ)
Musiker (m)	muzikai	מוּזִיקַאי (ז)
Pianist (m)	psantran	פְּסַנְתְּרָן (ז)
Gitarrist (m)	nagan gi'tara	נַגָּן גִּיטָרָה (ז)
Dirigent (m)	mena'tseaχ	מְנַצֵּחַ (ז)
Komponist (m)	malχin	מַלְחִין (ז)
Manager (m)	amargan	אָמַרְגָּן (ז)
Regisseur (m)	bamai	בַּמָּאי (ז)
Produzent (m)	mefik	מֵפִיק (ז)
Drehbuchautor (m)	tasritai	תַּסְרִיטַאי (ז)
Kritiker (m)	mevaker	מְבַקֵּר (ז)
Schriftsteller (m)	sofer	סוֹפֵר (ז)
Dichter (m)	meʃorer	מְשׁוֹרֵר (ז)
Bildhauer (m)	pasal	פַּסָּל (ז)
Maler (m)	tsayar	צַיָּיר (ז)
Jongleur (m)	lahatutan	לַהֲטוּטָן (ז)
Clown (m)	leitsan	לֵיצָן (ז)
Akrobat (m)	akrobat	אָקְרוֹבָּט (ז)
Zauberkünstler (m)	kosem	קוֹסֵם (ז)

92. Verschiedene Berufe

Arzt (m)	rofe	רוֹפֵא (ז)
Krankenschwester (f)	aχot	אָחוֹת (נ)
Psychiater (m)	psiχi"ater	פְּסִיכִיאָטֶר (ז)
Zahnarzt (m)	rofe ʃi'nayim	רוֹפֵא שִׁינַּיִם (ז)
Chirurg (m)	kirurg	כִּירוּרְג (ז)

Astronaut (m)	astro'na'ut	אַסְטְרוֹנָאוּט (ז)
Astronom (m)	astronom	אַסְטְרוֹנוֹם (ז)
Pilot (m)	tayas	טַיָּס (ז)
Fahrer (Taxi-)	nahag	נֶהָג (ז)
Lokomotivführer (m)	nahag ra'kevet	נֶהָג רַכֶּבֶת (ז)
Mechaniker (m)	meχonai	מְכוֹנַאי (ז)
Bergarbeiter (m)	kore	כּוֹרֶה (ז)
Arbeiter (m)	po'el	פּוֹעֵל (ז)
Schlosser (m)	misgad	מַסְגֵּד (ז)
Tischler (m)	nagar	נַגָּר (ז)
Dreher (m)	χarat	חָרָט (ז)
Bauarbeiter (m)	banai	בַּנַּאי (ז)
Schweißer (m)	rataχ	רַתָּךְ (ז)
Professor (m)	pro'fesor	פְּרוֹפֶסוֹר (ז)
Architekt (m)	adriχal	אַדְרִיכָל (ז)
Historiker (m)	historyon	הִיסְטוֹרְיוֹן (ז)
Wissenschaftler (m)	mad'an	מַדְעָן (ז)
Physiker (m)	fizikai	פִיזִיקַאי (ז)
Chemiker (m)	χimai	כִימַאי (ז)
Archäologe (m)	arχe'olog	אַרְכֵיאוֹלוֹג (ז)
Geologe (m)	ge'olog	גֵיאוֹלוֹג (ז)
Forscher (m)	χoker	חוֹקֵר (ז)
Kinderfrau (f)	ʃmartaf	שְׁמַרְטַף (ז)
Lehrer (m)	more, meχaneχ	מוֹרֶה, מְחַנֵּךְ (ז)
Redakteur (m)	oreχ	עוֹרֵךְ (ז)
Chefredakteur (m)	oreχ raʃi	עוֹרֵךְ רָאשִׁי (ז)
Korrespondent (m)	katav	כַּתָּב (ז)
Schreibkraft (f)	kaldanit	קַלְדָנִית (נ)
Designer (m)	me'atsev	מְעַצֵּב (ז)
Computerspezialist (m)	mumχe maχʃevim	מוּמְחֶה מַחְשְׁבִים (ז)
Programmierer (m)	metaχnet	מְתַכְנֵת (ז)
Ingenieur (m)	mehandes	מְהַנְדֵּס (ז)
Seemann (m)	yamai	יַמַּאי (ז)
Matrose (m)	malaχ	מַלָּח (ז)
Retter (m)	matsil	מַצִּיל (ז)
Feuerwehrmann (m)	kabai	כַּבַּאי (ז)
Polizist (m)	ʃoter	שׁוֹטֵר (ז)
Nachtwächter (m)	ʃomer	שׁוֹמֵר (ז)
Detektiv (m)	balaʃ	בַּלָּשׁ (ז)
Zollbeamter (m)	pakid 'meχes	פְּקִיד מֶכֶס (ז)
Leibwächter (m)	ʃomer roʃ	שׁוֹמֵר רֹאשׁ (ז)
Gefängniswärter (m)	soher	סוֹהֵר (ז)
Inspektor (m)	mefa'keaχ	מְפַקֵּחַ (ז)
Sportler (m)	sportai	סְפּוֹרְטַאי (ז)
Trainer (m)	me'amen	מְאַמֵּן (ז)

Fleischer (m)	katsav	קַצָב (ז)
Schuster (m)	sandlar	סַנדלָר (ז)
Geschäftsmann (m)	soχer	סוֹחֵר (ז)
Ladearbeiter (m)	sabal	סַבָּל (ז)

| Modedesigner (m) | me'atsev ofna | מְעַצֵב אוֹפנָה (ז) |
| Modell (n) | dugmanit | דוּגמָנִית (נ) |

93. Beschäftigung. Sozialstatus

| Schüler (m) | talmid | תַלמִיד (ז) |
| Student (m) | student | סטוּדֶנט (ז) |

Philosoph (m)	filosof	פִילוֹסוֹף (ז)
Ökonom (m)	kalkelan	כַּלכְּלָן (ז)
Erfinder (m)	mamtsi	מַמצִיא (ז)

Arbeitslose (m)	muvtal	מוּבטָל (ז)
Rentner (m)	pensyoner	פֶּנסיוֹנֶר (ז)
Spion (m)	meragel	מְרַגֵל (ז)

Gefangene (m)	asir	אָסִיר (ז)
Streikender (m)	ʃovet	שוֹבֵת (ז)
Bürokrat (m)	birokrat	בִּירוֹקרָט (ז)
Reisende (m)	metayel	מְטַייֵל (ז)

Homosexuelle (m)	'lesbit, 'homo	לֶסבִּית (נ), הוֹמוֹ (ז)
Hacker (m)	'haker	הָאקֶר (ז)
Hippie (m)	'hipi	הִיפִּי (ז)

Bandit (m)	ʃoded	שוֹדֵד (ז)
Killer (m)	ro'tseaχ saχir	רוֹצֵח שָׂכִיר (ז)
Drogenabhängiger (m)	narkoman	נַרקוֹמָן (ז)
Drogenhändler (m)	soχer samim	סוֹחֵר סַמִים (ז)
Prostituierte (f)	zona	זוֹנָה (נ)
Zuhälter (m)	sarsur	סַרסוּר (ז)

Zauberer (m)	meχaʃef	מְכַשֵף (ז)
Zauberin (f)	maχʃefa	מַכשֵפָה (נ)
Seeräuber (m)	ʃoded yam	שוֹדֵד יָם (ז)
Sklave (m)	ʃifχa, 'eved	שִפחָה (נ), עֶבֶד (ז)
Samurai (m)	samurai	סָמוּרָאי (ז)
Wilde (m)	'pere adam	פֶּרֶא אָדָם (ז)

Ausbildung

94. Schule

Schule (f)	beit 'sefer	בֵּית סֵפֶר (ז)
Schulleiter (m)	menahel beit 'sefer	מְנַהֵל בֵּית סֵפֶר (ז)
Schüler (m)	talmid	תַּלְמִיד (ז)
Schülerin (f)	talmida	תַּלְמִידָה (נ)
Schuljunge (m)	talmid	תַּלְמִיד (ז)
Schulmädchen (f)	talmida	תַּלְמִידָה (נ)
lehren (vt)	lelamed	לְלַמֵד
lernen (Englisch ~)	lilmod	לִלְמוֹד
auswendig lernen	lilmod be'al pe	לִלְמוֹד בְּעַל פֶּה
lernen (vi)	lilmod	לִלְמוֹד
in der Schule sein	lilmod	לִלְמוֹד
die Schule besuchen	la'lexet le'beit 'sefer	לָלֶכֶת לְבֵית סֵפֶר
Alphabet (n)	alefbeit	אָלֶפבֵּית (ז)
Fach (n)	mik'tso'a	מִקצוֹעַ (ז)
Klassenraum (m)	kita	כִּיתָה (נ)
Stunde (f)	ʃi'ur	שִׁיעוּר (ז)
Pause (f)	hafsaka	הַפסָקָה (נ)
Schulglocke (f)	pa'amon	פַּעֲמוֹן (ז)
Schulbank (f)	ʃulxan limudim	שׁוּלחַן לִימוּדִים (ז)
Tafel (f)	'luax	לוּחַ (ז)
Note (f)	tsiyun	צִיוּן (ז)
gute Note (f)	tsiyun tov	צִיוּן טוֹב (ז)
schlechte Note (f)	tsiyun ga'ru'a	צִיוּן גָרוּעַ (ז)
eine Note geben	latet tsiyun	לָתֵת צִיוּן
Fehler (m)	ta'ut	טָעוּת (נ)
Fehler machen	la'asot ta'uyot	לַעֲשׂוֹת טָעוּיוֹת
korrigieren (vt)	letaken	לְתַקֵן
Spickzettel (m)	ʃlif	שלִיף (ז)
Hausaufgabe (f)	ʃi'urei 'bayit	שִׁיעוּרֵי בַּיִת (ז״ר)
Übung (f)	targil	תַרגִיל (ז)
anwesend sein	lihyot no'xeax	לִהיוֹת נוֹכֵחַ
fehlen (in der Schule ~)	lehe'ader	לְהֵיעָדֵר
versäumen (Schule ~)	lehaxsir	לְהַחסִיר
bestrafen (vt)	leha'aniʃ	לְהַעֲנִיש
Strafe (f)	'oneʃ	עוֹנֶש (ז)
Benehmen (n)	hitnahagut	הִתנַהֲגוּת (נ)

Zeugnis (n)	yoman beit 'sefer	יוֹמָן בֵּית סֵפֶר (ז)
Bleistift (m)	iparon	עִיפָּרוֹן (ז)
Radiergummi (m)	'maxak	מַחַק (ז)
Kreide (f)	gir	גִּיר (ז)
Federkasten (m)	kalmar	קַלְמָר (ז)
Schulranzen (m)	yalkut	יַלְקוּט (ז)
Kugelschreiber, Stift (m)	et	עֵט (ז)
Heft (n)	max'beret	מַחְבֶּרֶת (נ)
Lehrbuch (n)	'sefer limud	סֵפֶר לִימוּד (ז)
Zirkel (m)	mexuga	מְחוּגָה (נ)
zeichnen (vt)	lesartet	לְשַׂרְטֵט
Zeichnung (f)	sirtut	שִׂרְטוּט (ז)
Gedicht (n)	ʃir	שִׁיר (ז)
auswendig (Adv)	be'al pe	בְּעַל פֶּה
auswendig lernen	lilmod be'al pe	לִלְמוֹד בְּעַל פֶּה
Ferien (pl)	xuʃʃa	חוּפְשָׁה (נ)
in den Ferien sein	lihyot bexuʃʃa	לִהְיוֹת בְּחוּפְשָׁה
Ferien verbringen	leha'avir 'xofeʃ	לְהַעֲבִיר חוֹפֶשׁ
Test (m), Prüfung (f)	mivxan	מִבְחָן (ז)
Aufsatz (m)	xibur	חִיבּוּר (ז)
Diktat (n)	haxtava	הַכְתָּבָה (נ)
Prüfung (f)	bxina	בְּחִינָה (נ)
Prüfungen ablegen	lehibaxen	לְהִיבָּחֵן
Experiment (n)	nisui	נִיסוּי (ז)

95. Hochschule. Universität

Akademie (f)	aka'demya	אָקָדֶמְיָה (נ)
Universität (f)	uni'versita	אוּנִיבֶרְסִיטָה (נ)
Fakultät (f)	fa'kulta	פָקוּלְטָה (נ)
Student (m)	student	סְטוּדֶנְט (ז)
Studentin (f)	stu'dentit	סְטוּדֶנְטִית (נ)
Lehrer (m)	martse	מַרְצֶה (ז)
Hörsaal (m)	ulam hartsa'ot	אוּלָם הַרְצָאוֹת (ז)
Hochschulabsolvent (m)	boger	בּוֹגֵר (ז)
Diplom (n)	di'ploma	דִיפְלוֹמָה (נ)
Dissertation (f)	diser'tatsya	דִיסֶרְטַצְיָה (נ)
Forschung (f)	mexkar	מֶחְקָר (ז)
Labor (n)	ma'abada	מַעֲבָדָה (נ)
Vorlesung (f)	hartsa'a	הַרְצָאָה (נ)
Kommilitone (m)	xaver lelimudim	חָבֵר לְלִימוּדִים (ז)
Stipendium (n)	milga	מִלְגָה (נ)
akademischer Grad (m)	'to'ar aka'demi	תוֹאַר אָקָדֶמִי (ז)

96. Naturwissenschaften. Fächer

Mathematik (f)	mate'matika	מָתֵמָטִיקָה (נ)
Algebra (f)	'algebra	אָלגֶבּרָה (נ)
Geometrie (f)	ge'o'metriya	גֵיאוֹמֶטרִיָה (נ)
Astronomie (f)	astro'nomya	אַסטרוֹנוֹמיָה (נ)
Biologie (f)	bio'logya	בִּיוֹלוֹגיָה (נ)
Erdkunde (f)	ge'o'grafya	גֵיאוֹגרַפיָה (נ)
Geologie (f)	ge'o'logya	גֵיאוֹלוֹגיָה (נ)
Geschichte (f)	his'torya	הִיסטוֹריָה (נ)
Medizin (f)	refu'a	רְפוּאָה (נ)
Pädagogik (f)	χinuχ	חִינוּך (ז)
Recht (n)	miʃpatim	מִשׁפָּטִים (ז"ר)
Physik (f)	'fizika	פִיזִיקָה (נ)
Chemie (f)	'χimya	כִימיָה (נ)
Philosophie (f)	filo'sofya	פִילוֹסוֹפיָה (נ)
Psychologie (f)	psiχo'logya	פּסִיכוֹלוֹגיָה (נ)

97. Schrift Rechtschreibung

Grammatik (f)	dikduk	דִקדוּק (ז)
Lexik (f)	otsar milim	אוֹצַר מִילִים (ז)
Phonetik (f)	torat ha'hege	תוֹרַת הַהֶגָה (נ)
Substantiv (n)	ʃem 'etsem	שֵׁם עֶצֶם (ז)
Adjektiv (n)	ʃem 'to'ar	שֵׁם תוֹאַר (ז)
Verb (n)	po'el	פּוֹעַל (ז)
Adverb (n)	'to'ar 'po'al	תוֹאַר פּוֹעַל (ז)
Pronomen (n)	ʃem guf	שֵׁם גוּף (ז)
Interjektion (f)	milat kri'a	מִילַת קרִיאָה (נ)
Präposition (f)	milat 'yaχas	מִילַת יַחַס (נ)
Wurzel (f)	'ʃoreʃ	שׁוֹרֶשׁ (ז)
Endung (f)	si'yomet	סִיוֹמֶת (נ)
Vorsilbe (f)	tχilit	תחִילִית (נ)
Silbe (f)	havara	הֲבָרָה (נ)
Suffix (n), Nachsilbe (f)	si'yomet	סִיוֹמֶת (נ)
Betonung (f)	'ta'am	טַעַם (ז)
Apostroph (m)	'gereʃ	גֶרֶשׁ (ז)
Punkt (m)	nekuda	נְקוּדָה (נ)
Komma (n)	psik	פּסִיק (ז)
Semikolon (n)	nekuda ufsik	נְקוּדָה וּפסִיק (נ)
Doppelpunkt (m)	nekudo'tayim	נְקוּדוֹתַיִים (נ"ר)
Auslassungspunkte (pl)	ʃaloʃ nekudot	שְׁלוֹשׁ נְקוּדוֹת (נ"ר)
Fragezeichen (n)	siman ʃe'ela	סִימַן שְׁאֵלָה (ז)
Ausrufezeichen (n)	siman kri'a	סִימַן קרִיאָה (ז)

Anführungszeichen (pl)	merxa'ot	מֵרְכָאוֹת (ז״ר)
in Anführungszeichen	bemerxa'ot	בְּמֵרְכָאוֹת
runde Klammern (pl)	sog'rayim	סוֹגְרַיִים (ז״ר)
in Klammern	besog'rayim	בְּסוֹגְרַיִים
Bindestrich (m)	makaf	מַקָּף (ז)
Gedankenstrich (m)	kav mafrid	קַו מַפְרִיד (ז)
Leerzeichen (n)	'revax	רֶוַוח (ז)
Buchstabe (m)	ot	אוֹת (נ)
Großbuchstabe (m)	ot gdola	אוֹת גְּדוֹלָה (נ)
Vokal (m)	tnu'a	תְּנוּעָה (נ)
Konsonant (m)	itsur	עִיצוּר (ז)
Satz (m)	miʃpat	מִשְׁפָּט (ז)
Subjekt (n)	nose	נוֹשֵׂא (ז)
Prädikat (n)	nasu	נָשׂוּא (ז)
Zeile (f)	ʃura	שׁוּרָה (נ)
in einer neuen Zeile	beʃura xadaʃa	בְּשׁוּרָה חֲדָשָׁה
Absatz (m)	piska	פִּסְקָה (נ)
Wort (n)	mila	מִילָה (נ)
Wortverbindung (f)	tsiruf milim	צֵירוּף מִילִים (ז)
Redensart (f)	bitui	בִּיטוּי (ז)
Synonym (n)	mila nir'defet	מִילָה נִרְדֶּפֶת (נ)
Antonym (n)	'hefex	הֶפֶךְ (ז)
Regel (f)	klal	כְּלָל (ז)
Ausnahme (f)	yotse min haklal	יוֹצֵא מִן הַכְּלָל (ז)
richtig (Adj)	naxon	נָכוֹן
Konjugation (f)	hataya	הַטָּיָה (נ)
Deklination (f)	hataya	הַטָּיָה (נ)
Kasus (m)	yaxasa	יַחֲסָה (נ)
Frage (f)	ʃe'ela	שְׁאֵלָה (נ)
unterstreichen (vt)	lehadgiʃ	לְהַדְגִּישׁ
punktierte Linie (f)	kav nakud	קַו נָקוּד (ז)

98. Fremdsprachen

Sprache (f)	safa	שָׂפָה (נ)
Fremd-	zar	זָר
Fremdsprache (f)	safa zara	שָׂפָה זָרָה (נ)
studieren (z.B. Jura ~)	lilmod	לִלְמוֹד
lernen (Englisch ~)	lilmod	לִלְמוֹד
lesen (vi, vt)	likro	לִקְרוֹא
sprechen (vi, vt)	ledaber	לְדַבֵּר
verstehen (vt)	lehavin	לְהָבִין
schreiben (vi, vt)	lixtov	לִכְתּוֹב
schnell (Adv)	maher	מַהֵר
langsam (Adv)	le'at	לְאַט

fließend (Adv)	χoffi	חוֹפְשִׁי
Regeln (pl)	klalim	כְּלָלִים (ז"ר)
Grammatik (f)	dikduk	דִקְדוּק (ז)
Vokabular (n)	otsar milim	אוֹצָר מִילִים (ז)
Phonetik (f)	torat ha'hege	תוֹרַת הַהֲגָה (נ)
Lehrbuch (n)	'sefer limud	סֵפֶר לִימוּד (ז)
Wörterbuch (n)	milon	מִילוֹן (ז)
Selbstlernbuch (n)	'sefer lelimud atsmi	סֵפֶר לְלִימוּד עַצְמִי (ז)
Sprachführer (m)	siχon	שִׂיחוֹן (ז)
Kassette (f)	ka'letet	קַלֶטֶת (נ)
Videokassette (f)	ka'letet 'vide'o	קַלֶטֶת וִידֵיאוֹ (נ)
CD (f)	taklitor	תַקְלִיטוֹר (ז)
DVD (f)	di vi di	דִי. וִי. דִי. (ז)
Alphabet (n)	alefbeit	אָלֶפְבֵּית (ז)
buchstabieren (vt)	le'ayet	לְאַיֵית
Aussprache (f)	hagiya	הֲגִיָיה (נ)
Akzent (m)	mivta	מִבְטָא (ז)
mit Akzent	im mivta	עִם מִבְטָא
ohne Akzent	bli mivta	בְּלִי מִבְטָא
Wort (n)	mila	מִילָה (נ)
Bedeutung (f)	maʃma'ut	מַשְׁמָעוּת (נ)
Kurse (pl)	kurs	קוּרְס (ז)
sich einschreiben	leheraʃem lekurs	לְהֵירָשֵׁם לְקוּרְס
Lehrer (m)	more	מוֹרֶה (ז)
Übertragung (f)	tirgum	תִרְגוּם (ז)
Übersetzung (f)	tirgum	תִרְגוּם (ז)
Übersetzer (m)	metargem	מְתַרְגֵם (ז)
Dolmetscher (m)	meturgeman	מְתוּרְגְמָן (ז)
Polyglott (m, f)	poliglot	פּוֹלִיגְלוֹט (ז)
Gedächtnis (n)	zikaron	זִיכָּרוֹן (ז)

Erholung. Unterhaltung. Reisen

99. Ausflug. Reisen

Tourismus (m)	tayarut	תַיָּירוּת (נ)
Tourist (m)	tayar	תַיָּיר (ז)
Reise (f)	tiyul	טִיּוּל (ז)
Abenteuer (n)	harpatka	הַרְפַּתְקָה (נ)
Fahrt (f)	nesi'a	נְסִיעָה (נ)
Urlaub (m)	ҳuʃʃa	חוּפְשָׁה (נ)
auf Urlaub sein	lihyot beҳuʃʃa	לִהְיוֹת בְּחוּפְשָׁה
Erholung (f)	menuҳa	מְנוּחָה (נ)
Zug (m)	ra'kevet	רַכֶּבֶת (נ)
mit dem Zug	bera'kevet	בְּרַכֶּבֶת
Flugzeug (n)	matos	מָטוֹס (ז)
mit dem Flugzeug	bematos	בְּמָטוֹס
mit dem Auto	bemeҳonit	בְּמְכוֹנִית
mit dem Schiff	be'oniya	בָּאוֹנִיָּה
Gepäck (n)	mit'an	מִטְעָן (ז)
Koffer (m)	mizvada	מִזְוָדָה (נ)
Gepäckwagen (m)	eglat mit'an	עֶגְלַת מִטְעָן (נ)
Pass (m)	darkon	דַּרְכּוֹן (ז)
Visum (n)	'viza, aʃra	וִיזָה, אַשְׁרָה (נ)
Fahrkarte (f)	kartis	כַּרְטִיס (ז)
Flugticket (n)	kartis tisa	כַּרְטִיס טִיסָה (ז)
Reiseführer (m)	madriҳ	מַדְרִיךְ (ז)
Landkarte (f)	mapa	מַפָּה (נ)
Gegend (f)	ezor	אָזוֹר (ז)
Ort (wunderbarer ~)	makom	מָקוֹם (ז)
Exotika (pl)	ek'zotika	אֶקְזוֹטִיקָה (נ)
exotisch	ek'zoti	אֶקְזוֹטִי
erstaunlich (Adj)	nifla	נִפְלָא
Gruppe (f)	kvutsa	קְבוּצָה (נ)
Ausflug (m)	tiyul	טִיּוּל (ז)
Reiseleiter (m)	madriҳ tiyulim	מַדְרִיךְ טִיּוּלִים (ז)

100. Hotel

Hotel (n), Gasthaus (n)	malon	מָלוֹן (ז)
Motel (n)	motel	מוֹטֶל (ז)
drei Sterne	ʃloʃa koҳavim	שְׁלוֹשָׁה כּוֹכָבִים

fünf Sterne	χamiʃa koχavim	חֲמִישָׁה כּוֹכָבִים
absteigen (vi)	lehit'aχsen	לְהִתְאַכְסֵן
Hotelzimmer (n)	'χeder	חֶדֶר (ז)
Einzelzimmer (n)	'χeder yaχid	חֶדֶר יָחִיד (ז)
Zweibettzimmer (n)	'χeder zugi	חֶדֶר זוּגִי (ז)
reservieren (vt)	lehazmin 'χeder	לְהַזְמִין חֶדֶר
Halbpension (f)	χatsi pensiyon	חֲצִי פֶּנְסִיוֹן (ז)
Vollpension (f)	pensyon male	פֶּנְסִיוֹן מָלֵא (ז)
mit Bad	im am'batya	עִם אַמְבַּטְיָה
mit Dusche	im miklaχat	עִם מִקְלַחַת
Satellitenfernsehen (n)	tele'vizya bekvalim	טֶלֶוִויזְיָה בְּכְבָלִים (נ)
Klimaanlage (f)	mazgan	מַזְגָן (ז)
Handtuch (n)	ma'gevet	מַגֶּבֶת (נ)
Schlüssel (m)	maf'teaχ	מַפְתֵּחַ (ז)
Verwalter (m)	amarkal	אֲמַרְכָּל (ז)
Zimmermädchen (n)	χadranit	חַדְרָנִית (נ)
Träger (m)	sabal	סַבָּל (ז)
Portier (m)	pakid kabala	פְּקִיד קַבָּלָה (ז)
Restaurant (n)	mis'ada	מִסְעָדָה (נ)
Bar (f)	bar	בַּר (ז)
Frühstück (n)	aruχat 'boker	אֲרוּחַת בּוֹקֶר (נ)
Abendessen (n)	aruχat 'erev	אֲרוּחַת עֶרֶב (נ)
Buffet (n)	miznon	מִזְנוֹן (ז)
Foyer (n)	'lobi	לוֹבִּי (ז)
Aufzug (m), Fahrstuhl (m)	ma'alit	מַעֲלִית (נ)
BITTE NICHT STÖREN!	lo lehaf'ri'a	לֹא לְהַפְרִיעַ
RAUCHEN VERBOTEN!	asur le'aʃen!	אָסוּר לְעַשֵׁן!

TECHNISCHES ZUBEHÖR. TRANSPORT

Technisches Zubehör

101. Computer

Computer (m)	maxʃev	מַחְשֵׁב (ז)
Laptop (m), Notebook (n)	maxʃev nayad	מַחְשֵׁב נַיָּד (ז)
einschalten (vt)	lehadlik	לְהַדְלִיק
abstellen (vt)	lexabot	לְכַבּוֹת
Tastatur (f)	mik'ledet	מִקְלֶדֶת (נ)
Taste (f)	makaʃ	מַקָּשׁ (ז)
Maus (f)	axbar	עַכְבָּר (ז)
Mousepad (n)	ʃa'tiax le'axbar	שְׁטִיחַ לְעַכְבָּר (ז)
Knopf (m)	kaftor	כַּפְתּוֹר (ז)
Cursor (m)	saman	סַמָּן (ז)
Monitor (m)	masax	מָסָךְ (ז)
Schirm (m)	tsag	צַג (ז)
Festplatte (f)	disk ka'ʃiax	דִּיסְק קָשִׁיחַ (ז)
Festplattengröße (f)	'nefax disk ka'ʃiax	נֶפַח דִּיסְק קָשִׁיחַ (ז)
Speicher (m)	zikaron	זִיכָּרוֹן (ז)
Arbeitsspeicher (m)	zikaron giʃa akra'it	זִיכָּרוֹן גִּישָׁה אַקְרָאִית (ז)
Datei (f)	'kovets	קוֹבֶץ (ז)
Ordner (m)	tikiya	תִּיקִיָּיה (נ)
öffnen (vt)	lif'toax	לִפְתּוֹחַ
schließen (vt)	lisgor	לִסְגּוֹר
speichern (vt)	liʃmor	לִשְׁמוֹר
löschen (vt)	limxok	לִמְחוֹק
kopieren (vt)	leha'atik	לְהַעֲתִיק
sortieren (vt)	lemayen	לְמַיֵּן
transferieren (vt)	leha'avir	לְהַעֲבִיר
Programm (n)	toxna	תּוֹכְנָה (נ)
Software (f)	toxna	תּוֹכְנָה (נ)
Programmierer (m)	metaxnet	מְתַכְנֵת (ז)
programmieren (vt)	letaxnet	לְתַכְנֵת
Hacker (m)	'haker	הָאקֶר (ז)
Kennwort (n)	sisma	סִיסְמָה (נ)
Virus (m, n)	'virus	וִירוּס (ז)
entdecken (vt)	limtso, le'ater	לִמְצוֹא, לְאַתֵּר
Byte (n)	bait	בַּייט (ז)

Megabyte (n)	megabait	מֶגָבַּיְיט (ז)
Daten (pl)	netunim	נְתוּנִים (ז"ר)
Datenbank (f)	bsis netunim	בְּסִיס נְתוּנִים (ז)
Kabel (n)	'kevel	כֶּבֶל (ז)
trennen (vt)	lenatek	לְנַתֵק
anschließen (vt)	leχaber	לְחַבֵּר

102. Internet. E-Mail

Internet (n)	'internet	אִינטֶרנֶט (ז)
Browser (m)	dafdefan	דַפדְפָן (ז)
Suchmaschine (f)	ma'no'a χipus	מָנוֹעַ חִיפּוּשׂ (ז)
Provider (m)	sapak	סַפָּק (ז)
Webmaster (m)	menahel ha'atar	מְנַהֵל הָאֲתָר (ז)
Website (f)	atar	אֲתָר (ז)
Webseite (f)	daf 'internet	דַף אִינטֶרנֶט (ז)
Adresse (f)	'ktovet	כְּתוֹבֶת (נ)
Adressbuch (n)	'sefer ktovot	סֵפֶר כְּתוֹבוֹת (ז)
Mailbox (f)	teivat 'do'ar	תֵיבַת דוֹאַר (נ)
Post (f)	'do'ar, 'do'al	דוֹאַר (ז), דוֹא"ל (ז)
überfüllt (-er Briefkasten)	gaduʃ	גָדוּשׁ
Mitteilung (f)	hoda'a	הוֹדָעָה (נ)
eingehenden Nachrichten	hoda'ot niχnasot	הוֹדָעוֹת נִכנָסוֹת (נ"ר)
ausgehenden Nachrichten	hoda'ot yots'ot	הוֹדָעוֹת יוֹצאוֹת (נ"ר)
Absender (m)	ʃo'leaχ	שׁוֹלֵחַ (ז)
senden (vt)	liʃ'loaχ	לִשלוֹחַ
Absendung (f)	ʃliχa	שְׁלִיחָה (נ)
Empfänger (m)	nim'an	נִמעָן (ז)
empfangen (vt)	lekabel	לְקַבֵּל
Briefwechsel (m)	hitkatvut	הִתכַּתבוּת (נ)
im Briefwechsel stehen	lehitkatev	לְהִתכַּתֵב
Datei (f)	'kovets	קוֹבֶץ (ז)
herunterladen (vt)	lehorid	לְהוֹרִיד
schaffen (vt)	litsor	לִיצוֹר
löschen (vt)	limχok	לִמחוֹק
gelöscht (Datei)	maχuk	מָחוּק
Verbindung (f)	χibur	חִיבּוּר (ז)
Geschwindigkeit (f)	mehirut	מְהִירוּת (נ)
Modem (n)	'modem	מוֹדֶם (ז)
Zugang (m)	giʃa	גִישָׁה (נ)
Port (m)	port	פּוֹרט (ז)
Anschluss (m)	χibur	חִיבּוּר (ז)
sich anschließen	lehitχaber	לְהִתחַבֵּר
auswählen (vt)	livχor	לִבחוֹר
suchen (vt)	leχapes	לְחַפֵּשׂ

103. Elektrizität

Elektrizität (f)	xaʃmal	חַשְׁמַל (ז)
elektrisch	xaʃmali	חַשְׁמַלִי
Elektrizitätswerk (n)	taxanat 'koax	תַחֲנַת כּוֹחַ (נ)
Energie (f)	e'nergya	אֶנֶרְגְיָה (נ)
Strom (m)	e'nergya xaʃmalit	אֶנֶרְגְיָה חַשְׁמַלִית (נ)
Glühbirne (f)	nura	נוּרָה (נ)
Taschenlampe (f)	panas	פָּנָס (ז)
Straßenlaterne (f)	panas rexov	פָּנָס רְחוֹב (ז)
Licht (n)	or	אוֹר (ז)
einschalten (vt)	lehadlik	לְהַדְלִיק
ausschalten (vt)	lexabot	לְכַבּוֹת
das Licht ausschalten	lexabot	לְכַבּוֹת
durchbrennen (vi)	lehisaref	לְהִישָׂרֵף
Kurzschluss (m)	'ketser	קָצֶר (ז)
Riß (m)	xut ka'ru'a	חוּט קָרוּעַ (ז)
Kontakt (m)	maga	מַגָע (ז)
Schalter (m)	'meteg	מֶתֶג (ז)
Steckdose (f)	'ʃeka	שֶׁקַע (ז)
Stecker (m)	'teka	תֶקַע (ז)
Verlängerung (f)	'kabel ma'arix	כָּבֶל מַאֲרִיךְ (ז)
Sicherung (f)	natix	נָתִיךְ (ז)
Leitungsdraht (m)	xut	חוּט (ז)
Verdrahtung (f)	xivut	חִיווּט (ז)
Ampere (n)	amper	אַמְפֶּר (ז)
Stromstärke (f)	'zerem xaʃmali	זֶרֶם חַשְׁמַלִי (ז)
Volt (n)	volt	ווֹלט (ז)
Voltspannung (f)	'metax	מֶתַח (ז)
Elektrogerät (n)	maxʃir xaʃmali	מַכְשִׁיר חַשְׁמַלִי (ז)
Indikator (m)	maxvan	מַחווָן (ז)
Elektriker (m)	xaʃmalai	חַשְׁמַלַאי (ז)
löten (vt)	lehalxim	לְהַלְחִים
Lötkolben (m)	malxem	מַלְחֵם (ז)
Strom (m)	'zerem	זֶרֶם (ז)

104. Werkzeug

Werkzeug (n)	kli	כְּלִי (ז)
Werkzeuge (pl)	klei avoda	כְּלֵי עֲבוֹדָה (ז"ר)
Ausrüstung (f)	tsiyud	צִיוּד (ז)
Hammer (m)	patiʃ	פַּטִישׁ (ז)
Schraubenzieher (m)	mavreg	מַבְרֵג (ז)
Axt (f)	garzen	גַרְזֶן (ז)

Säge (f)	masor	מָסוֹר (ז)
sägen (vt)	lenaser	לְנַסֵּר
Hobel (m)	maktso'a	מַקְצוּעָה (נ)
hobeln (vt)	lehak'tsi'a	לְהַקְצִיעַ
Lötkolben (m)	malxem	מַלְחֵם (ז)
löten (vt)	lehalxim	לְהַלְחִים
Feile (f)	ptsira	פְּצִירָה (נ)
Kneifzange (f)	tsvatot	צְבָתוֹת (נ״ר)
Flachzange (f)	mel'kaxat	מֶלְקָחַת (נ)
Stemmeisen (n)	izmel	אִזְמֵל (ז)
Bohrer (m)	mak'deax	מַקְדֵּחַ (ז)
Bohrmaschine (f)	makdexa	מַקְדֵּחָה (נ)
bohren (vt)	lik'doax	לִקְדּוֹחַ
Messer (n)	sakin	סַכִּין (ז, נ)
Taschenmesser (n)	olar	אוֹלָר (ז)
Klinge (f)	'lahav	לַהַב (ז)
scharf (-e Messer usw.)	xad	חַד
stumpf	kehe	קֵהֶה
stumpf werden (vi)	lehitkahot	לְהִתְקַהוֹת
schärfen (vt)	lehaʃxiz	לְהַשְׁחִיז
Bolzen (m)	'boreg	בּוֹרֶג (ז)
Mutter (f)	om	אוֹם (ז)
Gewinde (n)	tavrig	תַּבְרִיג (ז)
Holzschraube (f)	'boreg	בּוֹרֶג (ז)
Nagel (m)	masmer	מַסְמֵר (ז)
Nagelkopf (m)	roʃ hamasmer	רֹאשׁ הַמַּסְמֵר (ז)
Lineal (n)	sargel	סַרְגֵּל (ז)
Metermaß (n)	'seret meida	סֶרֶט מֵידָה (ז)
Wasserwaage (f)	'peles	פֶּלֶס (ז)
Lupe (f)	zxuxit mag'delet	זְכוּכִית מַגְדֶּלֶת (נ)
Messinstrument (n)	maxʃir medida	מַכְשִׁיר מְדִידָה (ז)
messen (vt)	limdod	לִמְדּוֹד
Skala (f)	'skala	סְקָאלָה (נ)
Ablesung (f)	medida	מְדִידָה (נ)
Kompressor (m)	madxes	מַדְחֵס (ז)
Mikroskop (n)	mikroskop	מִיקרוֹסקוֹפּ (ז)
Pumpe (f)	maʃeva	מַשְׁאֵבָה (נ)
Roboter (m)	robot	רוֹבּוֹט (ז)
Laser (m)	'leizer	לֵייזֶר (ז)
Schraubenschlüssel (m)	mafteax bragim	מַפְתֵּחַ בְּרָגִים (ז)
Klebeband (n)	neyar 'devek	נְיָיר דֶּבֶק (ז)
Klebstoff (m)	'devek	דֶּבֶק (ז)
Sandpapier (n)	neyar zxuxit	נְיָיר זְכוּכִית (ז)
Sprungfeder (f)	kfits	קְפִיץ (ז)

Magnet (m)	magnet	מַגְנֵט (ז)
Handschuhe (pl)	kfafot	כְּפָפוֹת (ז"ר)
Leine (f)	'xevel	חֶבֶל (ז)
Schnur (f)	srox	שְׂרוֹך (ז)
Draht (m)	xut	חוּט (ז)
Kabel (n)	'kevel	כֶּבֶל (ז)
schwerer Hammer (m)	kurnas	קוּרְנָס (ז)
Brecheisen (n)	lom	לוֹם (ז)
Leiter (f)	sulam	סוּלָם (ז)
Trittleiter (f)	sulam	סוּלָם (ז)
zudrehen (vt)	lehavrig	לְהַבְרִיג
abdrehen (vt)	lif'toax, lehavrig	לִפְתוֹחַ, לְהַבְרִיג
zusammendrücken (vt)	lehadek	לְהַדֵק
ankleben (vt)	lehadbik	לְהַדְבִּיק
schneiden (vt)	laxtox	לַחְתוֹך
Störung (f)	takala	תַקָלָה (נ)
Reparatur (f)	tikun	תִיקוּן (ז)
reparieren (vt)	letaken	לְתַקֵן
einstellen (vt)	lexavnen	לְכַווֵן
prüfen (vt)	livdok	לִבְדוֹק
Prüfung (f)	bdika	בְּדִיקָה (נ)
Ablesung (f)	kri'a	קְרִיאָה (נ)
sicher (zuverlässigen)	amin	אָמִין
kompliziert (Adj)	murkav	מוּרכָּב
verrosten (vi)	lehaxlid	לְהַחְלִיד
rostig	xalud	חָלוּד
Rost (m)	xaluda	חֲלוּדָה (נ)

Transport

105. Flugzeug

Flugzeug (n)	matos	מָטוֹס (ז)
Flugticket (n)	kartis tisa	כַּרְטִיס טִיסָה (ז)
Fluggesellschaft (f)	χevrat te'ufa	חֶבְרַת תְעוּפָה (נ)
Flughafen (m)	nemal te'ufa	נְמַל תְעוּפָה (ז)
Überschall-	al koli	עַל קוֹלִי
Flugkapitän (m)	kabarnit	קַבַּרְנִיט (ז)
Besatzung (f)	'tsevet	צֶוֶת (ז)
Pilot (m)	tayas	טַיָיס (ז)
Flugbegleiterin (f)	da'yelet	דַיֶילֶת (נ)
Steuermann (m)	navat	נַוָוט (ז)
Flügel (pl)	kna'fayim	כְּנָפַיִים (ז"ר)
Schwanz (m)	zanav	זָנָב (ז)
Kabine (f)	'kokpit	קוֹקְפִּיט (ז)
Motor (m)	ma'no'a	מָנוֹעַ (ז)
Fahrgestell (n)	kan nesi'a	כַּן נְסִיעָה (ז)
Turbine (f)	tur'bina	טוּרְבִּינָה (נ)
Propeller (m)	madχef	מַדְחֵף (ז)
Flugschreiber (m)	kufsa ʃχora	קוּפְסָה שְחוֹרָה (נ)
Steuerrad (n)	'hege	הֶגָה (ז)
Treibstoff (m)	'delek	דֶלֶק (ז)
Sicherheitskarte (f)	hora'ot betiχut	הוֹרָאוֹת בְּטִיחוּת (נ"ר)
Sauerstoffmaske (f)	maseχat χamtsan	מַסֵיכַת חַמְצָן (נ)
Uniform (f)	madim	מַדִים (ז"ר)
Rettungsweste (f)	χagorat hatsala	חָגוֹרַת הַצָלָה (נ)
Fallschirm (m)	mitsnaχ	מִצְנָח (ז)
Abflug, Start (m)	hamra'a	הַמְרָאָה (נ)
starten (vi)	lehamri	לְהַמְרִיא
Startbahn (f)	maslul hamra'a	מַסְלוּל הַמְרָאָה (ז)
Sicht (f)	re'ut	רְאוּת (נ)
Flug (m)	tisa	טִיסָה (נ)
Höhe (f)	'gova	גוֹבַה (ז)
Luftloch (n)	kis avir	כִּיס אָוִויר (ז)
Platz (m)	moʃav	מוֹשָב (ז)
Kopfhörer (m)	ozniyot	אוֹזְנִיוֹת (נ"ר)
Klapptisch (m)	magaʃ mitkapel	מַגָש מִתקַפֵּל (ז)
Bullauge (n)	tsohar	צוֹהַר (ז)
Durchgang (m)	ma'avar	מַעֲבָר (ז)

106. Zug

Zug (m)	ra'kevet	רַכֶּבֶת (נ)
elektrischer Zug (m)	ra'kevet parvarim	רַכֶּבֶת פַּרְבָרִים (נ)
Schnellzug (m)	ra'kevet mehira	רַכֶּבֶת מְהִירָה (נ)
Diesellok (f)	katar 'dizel	קַטָר דִיזֶל (ז)
Dampflok (f)	katar	קַטָר (ז)
Personenwagen (m)	karon	קָרוֹן (ז)
Speisewagen (m)	kron mis'ada	קְרוֹן מִסְעָדָה (ז)
Schienen (pl)	mesilot	מְסִילוֹת (נ״ר)
Eisenbahn (f)	mesilat barzel	מְסִילַת בַּרְזֶל (נ)
Bahnschwelle (f)	'eden	אֶדֶן (ז)
Bahnsteig (m)	ratsif	רָצִיף (ז)
Gleis (n)	mesila	מְסִילָה (נ)
Eisenbahnsignal (n)	ramzor	רַמְזוֹר (ז)
Station (f)	taxana	תַחֲנָה (נ)
Lokomotivführer (m)	nahag ra'kevet	נֶהָג רַכֶּבֶת (ז)
Träger (m)	sabal	סַבָּל (ז)
Schaffner (m)	sadran ra'kevet	סַדְרָן רַכֶּבֶת (ז)
Fahrgast (m)	no'se'a	נוֹסֵעַ (ז)
Fahrkartenkontrolleur (m)	bodek	בּוֹדֵק (ז)
Flur (m)	prozdor	פְּרוֹזְדוֹר (ז)
Notbremse (f)	ma'atsar xirum	מַעֲצַר חֵירוּם (ז)
Abteil (n)	ta	תָא (ז)
Liegeplatz (m), Schlafkoje (f)	dargaʃ	דַרְגָשׁ (ז)
oberer Liegeplatz (m)	dargaʃ elyon	דַרְגָשׁ עֶלְיוֹן (ז)
unterer Liegeplatz (m)	dargaʃ taxton	דַרְגָשׁ תַחְתוֹן (ז)
Bettwäsche (f)	matsa'im	מַצָעִים (ז״ר)
Fahrkarte (f)	kartis	כַּרְטִיס (ז)
Fahrplan (m)	'luax zmanim	לוּחַ זְמַנִים (ז)
Anzeigetafel (f)	'ʃelet meida	שֶׁלֶט מֵידָע (ז)
abfahren (der Zug)	latset	לָצֵאת
Abfahrt (f)	yetsi'a	יְצִיאָה (נ)
ankommen (der Zug)	leha'gi'a	לְהַגִיעַ
Ankunft (f)	haga'a	הַגָעָה (נ)
mit dem Zug kommen	leha'gi'a bera'kevet	לְהַגִיעַ בְּרַכֶּבֶת
in den Zug einsteigen	la'alot lera'kevet	לַעֲלוֹת לְרַכֶּבֶת
aus dem Zug aussteigen	la'redet mehara'kevet	לָרֶדֶת מֵהָרַכֶּבֶת
Zugunglück (n)	hitraskut	הִתְרַסְקוּת (נ)
entgleisen (vi)	la'redet mipasei ra'kevet	לָרֶדֶת מִפַּסֵי רַכֶּבֶת
Dampflok (f)	katar	קַטָר (ז)
Heizer (m)	masik	מַסִיק (ז)
Feuerbüchse (f)	kivʃan	כִּבְשָׁן (ז)
Kohle (f)	pexam	פֶּחָם (ז)

107. Schiff

Schiff (n)	sfina	סְפִינָה (נ)
Fahrzeug (n)	sfina	סְפִינָה (נ)
Dampfer (m)	oniyat kitor	אֳונִיַּת קִיטוֹר (נ)
Motorschiff (n)	sfinat nahar	סְפִינַת נָהָר (נ)
Kreuzfahrtschiff (n)	oniyat ta'anugot	אֳונִיַּת תַּעֲנוּגוֹת (נ)
Kreuzer (m)	sa'yeret	סַיֶּרֶת (נ)
Jacht (f)	'yaχta	יַכְטָה (נ)
Schlepper (m)	go'reret	גוֹרֶרֶת (נ)
Lastkahn (m)	arba	אַרְבָּה (נ)
Fähre (f)	ma'a'boret	מַעֲבּוֹרֶת (נ)
Segelschiff (n)	sfinat mifras	סְפִינַת מִפְרָשׂ (נ)
Brigantine (f)	briganit	בְּרִיגָנִית (נ)
Eisbrecher (m)	ʃo'veret 'keraχ	שׁוֹבֶרֶת קֶרַח (נ)
U-Boot (n)	tso'lelet	צוֹלֶלֶת (נ)
Boot (n)	sira	סִירָה (נ)
Dingi (n), Beiboot (n)	sira	סִירָה (נ)
Rettungsboot (n)	sirat hatsala	סִירַת הַצָּלָה (נ)
Motorboot (n)	sirat ma'no'a	סִירַת מָנוֹעַ (נ)
Kapitän (m)	rav χovel	רַב־חוֹבֵל (ז)
Matrose (m)	malaχ	מַלָּח (ז)
Seemann (m)	yamai	יַמַּאי (ז)
Besatzung (f)	'tsevet	צֶוֶת (ז)
Bootsmann (m)	rav malaχim	רַב־מַלָּחִים (ז)
Schiffsjunge (m)	'na'ar sipun	נַעַר סִיפּוּן (ז)
Schiffskoch (m)	tabaχ	טַבָּח (ז)
Schiffsarzt (m)	rofe ha'oniya	רוֹפֵא הָאֳונִיָּה (ז)
Deck (n)	sipun	סִיפּוּן (ז)
Mast (m)	'toren	תּוֹרֶן (ז)
Segel (n)	mifras	מִפְרָשׂ (ז)
Schiffsraum (m)	'beten oniya	בֶּטֶן אֳונִיָּה (נ)
Bug (m)	χartom	חַרְטוֹם (ז)
Heck (n)	yarketei hasfina	יַרְכְּתֵי הַסְּפִינָה (ז״ר)
Ruder (n)	maʃot	מָשׁוֹט (ז)
Schraube (f)	madχef	מַדְחֵף (ז)
Kajüte (f)	ta	תָּא (ז)
Messe (f)	mo'adon ktsinim	מוֹעֲדוֹן קְצִינִים (ז)
Maschinenraum (m)	χadar meχonot	חֲדַר מְכוֹנוֹת (ז)
Kommandobrücke (f)	'geʃer hapikud	גֶּשֶׁר הַפִּיקּוּד (ז)
Funkraum (m)	ta alχutan	תָּא אַלְחוּטָן (ז)
Radiowelle (f)	'teder	תֶּדֶר (ז)
Schiffstagebuch (n)	yoman ha'oniya	יוֹמַן הָאֳונִיָּה (ז)
Fernrohr (n)	miʃ'kefet	מִשְׁקֶפֶת (נ)
Glocke (f)	pa'amon	פַּעֲמוֹן (ז)

Fahne (f)	'degel	דֶּגֶל (ז)
Seil (n)	avot ha'oniya	עֲבוֹת הָאוֹנִיָּה (נ)
Knoten (m)	'keʃer	קֶשֶׁר (ז)

| Geländer (n) | ma'ake hasipun | מַעֲקֵה הַסִּפּוּן (ז) |
| Treppe (f) | 'keveʃ | כֶּבֶשׁ (ז) |

Anker (m)	'ogen	עוֹגֶן (ז)
den Anker lichten	leharim 'ogen	לְהָרִים עוֹגֶן
Anker werfen	la'agon	לַעֲגוֹן
Ankerkette (f)	ʃar'ʃeret ha'ogen	שַׁרְשֶׁרֶת הָעוֹגֶן (נ)

Hafen (m)	namal	נָמֵל (ז)
Anlegestelle (f)	'mezaχ	מֶזַח (ז)
anlegen (vi)	la'agon	לַעֲגוֹן
abstoßen (vt)	lehaflig	לְהַפְלִיג

Reise (f)	masa, tiyul	מַסָּע (ז), טִיּוּל (ז)
Kreuzfahrt (f)	'ʃayit	שַׁיִט (ז)
Kurs (m), Richtung (f)	kivun	כִּיווּן (ז)
Reiseroute (f)	nativ	נָתִיב (ז)

Fahrwasser (n)	nativ 'ʃayit	נְתִיב שַׁיִט (ז)
Untiefe (f)	sirton	שִׂרְטוֹן (ז)
stranden (vi)	la'alot al hasirton	לַעֲלוֹת עַל הַשִּׂרְטוֹן

Sturm (m)	sufa	סוּפָה (נ)
Signal (n)	ot	אוֹת (ז)
untergehen (vi)	lit'bo'a	לִטְבּוֹעַ
Mann über Bord!	adam ba'mayim!	אָדָם בַּמַּיִם!
SOS	kri'at hatsala	קְרִיאַת הַצָּלָה
Rettungsring (m)	galgal hatsala	גַּלְגַּל הַצָּלָה (ז)

108. Flughafen

Flughafen (m)	nemal te'ufa	נְמַל תְּעוּפָה (ז)
Flugzeug (n)	matos	מָטוֹס (ז)
Fluggesellschaft (f)	χevrat te'ufa	חֶבְרַת תְּעוּפָה (נ)
Fluglotse (m)	bakar tisa	בַּקָּר טִיסָה (ז)

Abflug (m)	hamra'a	הַמְרָאָה (נ)
Ankunft (f)	neχita	נְחִיתָה (נ)
anfliegen (vi)	leha'gi'a betisa	לְהַגִּיעַ בְּטִיסָה

| Abflugzeit (f) | zman hamra'a | זְמַן הַמְרָאָה (ז) |
| Ankunftszeit (f) | zman neχita | זְמַן נְחִיתָה (ז) |

| sich verspäten | lehit'akev | לְהִתְעַכֵּב |
| Abflugverspätung (f) | ikuv hatisa | עִיכּוּב הַטִּיסָה (ז) |

Anzeigetafel (f)	'luaχ meida	לוּחַ מֵידָע (ז)
Information (f)	meida	מֵידָע (ז)
ankündigen (vt)	leho'dia	לְהוֹדִיעַ
Flug (m)	tisa	טִיסָה (נ)

Zollamt (n)	'meχes	מֶכֶס (ז)
Zollbeamter (m)	pakid 'meχes	פְּקִיד מֶכֶס (ז)
Zolldeklaration (f)	hatsharat meχes	הַצהָרַת מֶכֶס (נ)
ausfüllen (vt)	lemale	לְמַלֵא
die Zollerklärung ausfüllen	lemale 'tofes hatshara	לְמַלֵא טוֹפֶס הַצהָרָה
Passkontrolle (f)	bdikat darkonim	בְּדִיקַת דַרכּוֹנִים (נ)
Gepäck (n)	kvuda	כְּבוּדָה (נ)
Handgepäck (n)	kvudat yad	כְּבוּדַת יָד (נ)
Kofferkuli (m)	eglat kvuda	עֶגלַת כְּבוּדָה (נ)
Landung (f)	neχita	נְחִיתָה (נ)
Landebahn (f)	maslul neχita	מַסלוּל נְחִיתָה (ז)
landen (vi)	linχot	לִנחוֹת
Fluggasttreppe (f)	'keveʃ	כֶּבֶשׁ (ז)
Check-in (n)	tʃek in	צֶ׳ק אִין (ז)
Check-in-Schalter (m)	dalpak tʃek in	דַלפַּק צֶ׳ק אִין (ז)
sich registrieren lassen	leva'tse'a tʃek in	לְבַצֵעַ צֶ׳ק אִין
Bordkarte (f)	kartis aliya lematos	כַּרטִיס עֲלִיָה לְמָטוֹס (ז)
Abfluggate (n)	'ʃa'ar yetsi'a	שַׁעַר יְצִיאָה (ז)
Transit (m)	ma'avar	מַעֲבָר (ז)
warten (vi)	lehamtin	לְהַמתִין
Wartesaal (m)	traklin tisa	טרַקלִין טִיסָה (ז)
begleiten (vt)	lelavot	לְלַווֹת
sich verabschieden	lomar lehitra'ot	לוֹמַר לְהִתרָאוֹת

Lebensereignisse

109. Feiertage. Ereignis

Fest (n)	xagiga	חֲגִיגָה (נ)
Nationalfeiertag (m)	xag le'umi	חַג לְאוּמִי (ז)
Feiertag (m)	yom xag	יוֹם חַג (ז)
feiern (vt)	laxgog	לַחְגוֹג
Ereignis (n)	hitraxaʃut	הִתְרַחֲשׁוּת (נ)
Veranstaltung (f)	ei'ru'a	אֵירוּעַ (ז)
Bankett (n)	se'uda xagigit	סְעוּדָה חֲגִיגִית (נ)
Empfang (m)	ei'ruax	אֵירוּחַ (ז)
Festmahl (n)	miʃte	מִשְׁתֶּה (ז)
Jahrestag (m)	yom haʃana	יוֹם הַשָּׁנָה (ז)
Jubiläumsfeier (f)	xag hayovel	חַג הַיּוֹבֵל (ז)
begehen (vt)	laxgog	לַחְגוֹג
Neujahr (n)	ʃana xadaʃa	שָׁנָה חֲדָשָׁה (נ)
Frohes Neues Jahr!	ʃana tova!	שָׁנָה טוֹבָה!
Weihnachtsmann (m)	'santa 'kla'us	סַנְטָה קְלָאוּס
Weihnachten (n)	xag hamolad	חַג הַמּוֹלָד (ז)
Frohe Weihnachten!	xag hamolad sa'meax!	חַג הַמּוֹלָד שָׂמֵחַ!
Tannenbaum (m)	ets xag hamolad	עֵץ חַג הַמּוֹלָד (ז)
Feuerwerk (n)	zikukim	זִיקוּקִים (ז״ר)
Hochzeit (f)	xatuna	חֲתוּנָה (נ)
Bräutigam (m)	xatan	חָתָן (ז)
Braut (f)	kala	כַּלָּה (נ)
einladen (vt)	lehazmin	לְהַזְמִין
Einladung (f)	hazmana	הַזְמָנָה (נ)
Gast (m)	o'reax	אוֹרֵחַ (ז)
besuchen (vt)	levaker	לְבַקֵּר
Gäste empfangen	lekabel orxim	לְקַבֵּל אוֹרְחִים
Geschenk (n)	matana	מַתָּנָה (נ)
schenken (vt)	latet matana	לָתֵת מַתָּנָה
Geschenke bekommen	lekabel matanot	לְקַבֵּל מַתָּנוֹת
Blumenstrauß (m)	zer	זֵר (ז)
Glückwunsch (m)	braxa	בְּרָכָה (נ)
gratulieren (vi)	levarex	לְבָרֵךְ
Glückwunschkarte (f)	kartis braxa	כַּרְטִיס בְּרָכָה (ז)
eine Karte abschicken	liʃloax gluya	לִשְׁלוֹחַ גְּלוּיָה
eine Karte erhalten	lekabel gluya	לְקַבֵּל גְּלוּיָה

Trinkspruch (m)	leharim kosit	לְהָרִים כּוֹסִית
anbieten (vt)	leχabed	לְכַבֵּד
Champagner (m)	ʃam'panya	שַׁמְפַּנְיָה (נ)
sich amüsieren	lehanot	לֵיהָנוֹת
Fröhlichkeit (f)	alitsut	עֲלִיצוּת (נ)
Freude (f)	simχa	שִׂמְחָה (נ)
Tanz (m)	rikud	רִיקוּד (ז)
tanzen (vi, vt)	lirkod	לִרְקוֹד
Walzer (m)	vals	וָלְס (ז)
Tango (m)	'tango	טַנְגּוֹ (ז)

110. Bestattungen. Begräbnis

Friedhof (m)	beit kvarot	בֵּית קְבָרוֹת (ז)
Grab (n)	'kever	קֶבֶר (ז)
Kreuz (n)	tslav	צְלָב (ז)
Grabstein (m)	matseva	מַצֵּבָה (נ)
Zaun (m)	gader	גָּדֵר (נ)
Kapelle (f)	beit tfila	בֵּית תְּפִילָה (ז)
Tod (m)	'mavet	מָוֶת (ז)
sterben (vi)	lamut	לָמוּת
Verstorbene (m)	niftar	נִפְטָר (ז)
Trauer (f)	'evel	אֵבֶל (ז)
begraben (vt)	likbor	לִקְבּוֹר
Bestattungsinstitut (n)	beit levayot	בֵּית לְוָיוֹת (ז)
Begräbnis (n)	levaya	לְוָיָה (נ)
Kranz (m)	zer	זֵר (ז)
Sarg (m)	aron metim	אֲרוֹן מֵתִים (ז)
Katafalk (m)	kron hamet	קְרוֹן הַמֵּת (ז)
Totenhemd (n)	taχriχim	תַּכְרִיכִים (ז"ר)
Trauerzug (m)	tahaluχat 'evel	תַּהֲלוּכַת אֵבֶל (נ)
Urne (f)	kad 'efer	כַּד אֵפֶר (ז)
Krematorium (n)	misrafa	מִשְׂרָפָה (נ)
Nachruf (m)	moda'at 'evel	מוֹדָעַת אֵבֶל (נ)
weinen (vi)	livkot	לִבְכּוֹת
schluchzen (vi)	lehitya'peaχ	לְהִתְיַיפֵּחַ

111. Krieg. Soldaten

Zug (m)	maχlaka	מַחְלָקָה (נ)
Kompanie (f)	pluga	פְּלוּגָה (נ)
Regiment (n)	χativa	חֲטִיבָה (נ)
Armee (f)	tsava	צָבָא (ז)
Division (f)	ugda	אוּגְדָּה (נ)

Abteilung (f)	kita	פִּיתָה (נ)
Heer (n)	'xayil	חַיִל (ז)
Soldat (m)	xayal	חַיָּל (ז)
Offizier (m)	katsin	קָצִין (ז)
Soldat (m)	turai	טוּרַאי (ז)
Feldwebel (m)	samal	סַמָּל (ז)
Leutnant (m)	'segen	סֶגֶן (ז)
Hauptmann (m)	'seren	סֶרֶן (ז)
Major (m)	rav 'seren	רַב־סֶרֶן (ז)
Oberst (m)	aluf miʃne	אַלּוּף מִשְׁנֶה (ז)
General (m)	aluf	אַלּוּף (ז)
Matrose (m)	yamai	יַמַּאי (ז)
Kapitän (m)	rav xovel	רַב־חוֹבֵל (ז)
Bootsmann (m)	rav malaxim	רַב־מַלָּחִים (ז)
Artillerist (m)	totxan	תּוֹתְחָן (ז)
Fallschirmjäger (m)	tsanxan	צַנְחָן (ז)
Pilot (m)	tayas	טַיָּס (ז)
Steuermann (m)	navat	נַוָּט (ז)
Mechaniker (m)	mexonai	מְכוֹנַאי (ז)
Pionier (m)	xablan	חַבְּלָן (ז)
Fallschirmspringer (m)	tsanxan	צַנְחָן (ז)
Aufklärer (m)	iʃ modi'in kravi	אִישׁ מוֹדִיעִין קְרָבִי (ז)
Scharfschütze (m)	tsalaf	צַלָּף (ז)
Patrouille (f)	siyur	סִיּוּר (ז)
patrouillieren (vi)	lefatrel	לְפַטְרֵל
Wache (f)	zakif	זָקִיף (ז)
Krieger (m)	loxem	לוֹחֵם (ז)
Patriot (m)	patriyot	פַּטְרִיּוֹט (ז)
Held (m)	gibor	גִּיבּוֹר (ז)
Heldin (f)	gibora	גִּיבּוֹרָה (נ)
Verräter (m)	boged	בּוֹגֵד (ז)
verraten (vt)	livgod	לִבְגּוֹד
Deserteur (m)	arik	עָרִיק (ז)
desertieren (vi)	la'arok	לַעֲרוֹק
Söldner (m)	sxir 'xerev	שְׂכִיר חֶרֶב (ז)
Rekrut (m)	tiron	טִירוֹן (ז)
Freiwillige (m)	mitnadev	מִתְנַדֵּב (ז)
Getoetete (m)	harug	הָרוּג (ז)
Verwundete (m)	pa'tsu'a	פָּצוּעַ (ז)
Kriegsgefangene (m)	ʃavui	שָׁבוּי (ז)

112. Krieg. Militärische Aktionen. Teil 1

Krieg (m)	milxama	מִלְחָמָה (נ)
Krieg führen	lehilaxem	לְהִילָחֵם

Bürgerkrieg (m)	mil'xemet ezraxim	מִלְחֶמֶת אֶזְרָחִים (נ)
heimtückisch (Adv)	bogdani	בּוֹגְדָנִי
Kriegserklärung (f)	haxrazat milxama	הַכְרָזַת מִלְחָמָה (נ)
erklären (den Krieg ~)	lehaxriz	לְהַכְרִיז
Aggression (f)	tokfanut	תּוֹקְפָנוּת (נ)
einfallen (Staat usw.)	litkof	לִתְקוֹף
einfallen (in ein Land ~)	lixboʃ	לִכְבּוֹשׁ
Invasoren (pl)	koveʃ	כּוֹבֵשׁ (ז)
Eroberer (m), Sieger (m)	koveʃ	כּוֹבֵשׁ (ז)
Verteidigung (f)	hagana	הֲגָנָּה (נ)
verteidigen (vt)	lehagen al	לְהָגֵן עַל
sich verteidigen	lehitgonen	לְהִתְגּוֹנֵן
Feind (m)	oyev	אוֹיֵב (ז)
Gegner (m)	yariv	יָרִיב (ז)
Feind-	ʃel oyev	שֶׁל אוֹיֵב
Strategie (f)	astra'tegya	אַסְטְרָטֶגְיָה (נ)
Taktik (f)	'taktika	טַקְטִיקָה (נ)
Befehl (m)	pkuda	פְּקוּדָה (נ)
Anordnung (f)	pkuda	פְּקוּדָה (נ)
befehlen (vt)	lifkod	לִפְקוֹד
Auftrag (m)	mesima	מְשִׂימָה (נ)
geheim (Adj)	sodi	סוֹדִי
Gefecht (n)	krav	קְרָב (ז)
Schlacht (f)	ma'araxa	מַעֲרָכָה (נ)
Kampf (m)	krav	קְרָב (ז)
Angriff (m)	hatkafa	הַתְקָפָה (נ)
Sturm (m)	hista'arut	הִסְתָּעֲרוּת (נ)
stürmen (vt)	lehista'er	לְהִסְתַּעֵר
Belagerung (f)	matsor	מָצוֹר (ז)
Angriff (m)	mitkafa	מִתְקָפָה (נ)
angreifen (vt)	latset lemitkafa	לָצֵאת לְמִתְקָפָה
Rückzug (m)	nesiga	נְסִיגָה (נ)
sich zurückziehen	la'seget	לָסֶגֶת
Einkesselung (f)	kitur	כִּיתּוּר (ז)
einkesseln (vt)	lexater	לְכַתֵּר
Bombenangriff (m)	haftsatsa	הַפְצָצָה (נ)
eine Bombe abwerfen	lehatil ptsatsa	לְהָטִיל פְּצָצָה
bombardieren (vt)	lehaftsits	לְהַפְצִיץ
Explosion (f)	pitsuts	פִּיצוּץ (ז)
Schuss (m)	yeriya	יְרִייָה (נ)
schießen (vt)	lirot	לִירוֹת
Schießerei (f)	'yeri	יְרִי (ז)
zielen auf …	lexaven 'neʃek	לְכַוֵּון נֶשֶׁק
richten (die Waffe)	lexaven	לְכַוֵּון

treffen (ins Schwarze ~)	lik'lo'a	לְקַלּוֹעַ
versenken (vt)	lehat'bi'a	לְהַטְבִּיעַ
Loch (im Schiffsrumpf)	pirtsa	פִּרְצָה (נ)
versinken (Schiff)	lit'bo'a	לִטְבּוֹעַ
Front (f)	xazit	חֲזִית (נ)
Evakuierung (f)	pinui	פִּינּוּי (ז)
evakuieren (vt)	lefanot	לְפַנּוֹת
Schützengraben (m)	te'ala	תְּעָלָה (נ)
Stacheldraht (m)	'tayil dokrani	תַּיִל דּוֹקְרָנִי (ז)
Sperre (z.B. Panzersperre)	maxsom	מַחְסוֹם (ז)
Wachtturm (m)	migdal ʃmira	מִגְדַּל שְׁמִירָה (ז)
Lazarett (n)	beit xolim tsva'i	בֵּית חוֹלִים צְבָאִי (ז)
verwunden (vt)	lif'tso'a	לִפְצוֹעַ
Wunde (f)	'petsa	פֶּצַע (ז)
Verwundete (m)	pa'tsu'a	פָּצוּעַ (ז)
verletzt sein	lehipatsa	לְהִיפָּצַע
schwer (-e Verletzung)	kaʃe	קָשֶׁה

113. Krieg. Militärische Aktionen. Teil 2

Gefangenschaft (f)	'ʃevi	שְׁבִי (ז)
gefangen nehmen (vt)	la'kaxat be'ʃevi	לָקַחַת בְּשֶׁבִי
in Gefangenschaft sein	lihyot be'ʃevi	לִהְיוֹת בְּשֶׁבִי
in Gefangenschaft geraten	lipol be'ʃevi	לִיפּוֹל בְּשֶׁבִי
Konzentrationslager (n)	maxane rikuz	מַחֲנֵה רִיכּוּז (ז)
Kriegsgefangene (m)	ʃavui	שָׁבוּי (ז)
fliehen (vi)	liv'roax	לִבְרוֹחַ
verraten (vt)	livgod	לִבְגּוֹד
Verräter (m)	boged	בּוֹגֵד (ז)
Verrat (m)	bgida	בְּגִידָה (נ)
erschießen (vt)	lehotsi la'horeg	לְהוֹצִיא לַהוֹרֵג
Erschießung (f)	hotsa'a le'horeg	הוֹצָאָה לַהוֹרֵג (נ)
Ausrüstung (persönliche ~)	tsiyud	צִיּוּד (ז)
Schulterstück (n)	ko'tefet	כּוֹתֶפֶת (נ)
Gasmaske (f)	masexat 'abax	מַסֵּיכַת אָבָ"ך (נ)
Funkgerät (n)	maxʃir 'keʃer	מַכְשִׁיר קֶשֶׁר (ז)
Chiffre (f)	'tsofen	צוֹפֶן (ז)
Geheimhaltung (f)	xaʃa'iut	חֲשָׁאִיּוּת (נ)
Kennwort (n)	sisma	סִיסְמָה (נ)
Mine (f)	mokeʃ	מוֹקֵשׁ (ז)
Minen legen	lemakeʃ	לְמַקֵּשׁ
Minenfeld (n)	sde mokʃim	שְׂדֵה מוֹקְשִׁים (ז)
Luftalarm (m)	az'aka	אַזְעָקָה (נ)
Alarm (m)	az'aka	אַזְעָקָה (נ)

Signal (n)	ot	אוֹת (ז)
Signalrakete (f)	zikuk az'aka	זִיקוּק אַזְעָקָה (ז)
Hauptquartier (n)	mifkada	מִפְקָדָה (נ)
Aufklärung (f)	isuf modi'in	אִיסוּף מוֹדִיעִין (ז)
Lage (f)	matsav	מַצָב (ז)
Bericht (m)	doχ	דוֹחַ (ז)
Hinterhalt (m)	ma'arav	מַאֲרָב (ז)
Verstärkung (f)	tig'boret	תִגְבּוֹרֶת (נ)
Zielscheibe (f)	matara	מַטָרָה (נ)
Schießplatz (m)	sde imunim	שְׂדֵה אִימוּנִים (ז)
Manöver (n)	timronim	תִמְרוֹנִים (ז״ר)
Panik (f)	behala	בֶּהָלָה (נ)
Verwüstung (f)	'heres	הֶרֶס (ז)
Trümmer (pl)	harisot	הֲרִיסוֹת (נ״ר)
zerstören (vt)	laharos	לַהֲרוֹס
überleben (vi)	lisrod	לִשְׂרוֹד
entwaffnen (vt)	lifrok mi'nefek	לִפְרוֹק מִנֶשֶׁק
handhaben (vt)	lehiſtameſ be...	לְהִשְׁתַמֵש בְּ...
Stillgestanden!	amod dom!	עֲמוֹד דוֹם!
Rühren!	amod 'noaχ!	עֲמוֹד נוֹחַ!
Heldentat (f)	ma'ase gvura	מַעֲשֵׂה גְבוּרָה (ז)
Eid (m), Schwur (m)	ſvu'a	שבוּעָה (נ)
schwören (vi, vt)	lehiſava	לְהִשָׁבַע
Lohn (Orden, Medaille)	itur	עִיטוּר (ז)
auszeichnen (mit Orden)	leha'anik	לְהַעֲנִיק
Medaille (f)	me'dalya	מֶדַלְיָה (נ)
Orden (m)	ot hitstainut	אוֹת הִצְטַיְינוּת (ז)
Sieg (m)	nitsaχon	נִיצָחוֹן (ז)
Niederlage (f)	tvusa	תבוּסָה (נ)
Waffenstillstand (m)	hafsakat eſ	הַפְסָקַת אֵש (נ)
Fahne (f)	'degel	דֶגֶל (ז)
Ruhm (m)	tehila	תְהִילָה (נ)
Parade (f)	mits'ad	מִצְעָד (ז)
marschieren (vi)	lits'od	לִצְעוֹד

114. Waffen

Waffe (f)	'neſek	נֶשֶׁק (ז)
Schusswaffe (f)	'neſek χam	נֶשֶׁק חַם (ז)
blanke Waffe (f)	'neſek kar	נֶשֶׁק קַר (ז)
chemischen Waffen (pl)	'neſek 'χimi	נֶשֶׁק כִימִי (ז)
Kern-, Atom-	gar'ini	גַרְעִינִי
Kernwaffe (f)	'neſek gar'ini	נֶשֶׁק גַרְעִינִי (ז)
Bombe (f)	ptsatsa	פְצָצָה (נ)

Atombombe (f)	ptsatsa a'tomit	פְּצָצָה אָטוֹמִית (נ)
Pistole (f)	ekdax	אֶקְדָּח (ז)
Gewehr (n)	rove	רוֹבֶה (ז)
Maschinenpistole (f)	tat mak'le'a	תַּת־מַקְלֵעַ (ז)
Maschinengewehr (n)	mak'le'a	מַקְלֵעַ (ז)

Mündung (f)	kane	קָנֶה (ז)
Lauf (Gewehr-)	kane	קָנֶה (ז)
Kaliber (n)	ka'liber	קָלִיבֶּר (ז)

Abzug (m)	'hedek	הֶדֶק (ז)
Visier (n)	ka'venet	כַּוֶּנֶת (נ)
Magazin (n)	maxsanit	מַחְסָנִית (נ)
Kolben (m)	kat	קַת (נ)

Handgranate (f)	rimon	רִימּוֹן (ז)
Sprengstoff (m)	'xomer 'nefets	חוֹמֶר נֶפֶץ (ז)

Kugel (f)	ka'li'a	קְלִיעַ (ז)
Patrone (f)	kadur	כַּדּוּר (ז)
Ladung (f)	te'ina	טְעִינָה (נ)
Munition (f)	tax'moſet	תַּחְמוֹשֶׁת (נ)

Bomber (m)	maftsits	מַפְצִיץ (ז)
Kampfflugzeug (n)	metos krav	מְטוֹס קְרָב (ז)
Hubschrauber (m)	masok	מָסוֹק (ז)

Flugabwehrkanone (f)	totax 'neged metosim	תּוֹתָח נֶגֶד מְטוֹסִים (ז)
Panzer (m)	tank	טַנְק (ז)
Panzerkanone (f)	totax	תּוֹתָח (ז)

Artillerie (f)	arti'lerya	אַרְטִילֶרְיָה (נ)
Kanone (f)	totax	תּוֹתָח (ז)
richten (die Waffe)	lexaven	לְכַוֵּון

Geschoß (n)	pagaz	פָּגָז (ז)
Wurfgranate (f)	ptsatsat margema	פְּצָצַת מַרְגֵּמָה (נ)
Granatwerfer (m)	margema	מַרְגֵּמָה (נ)
Splitter (m)	resis	רְסִיס (ז)

U-Boot (n)	tso'lelet	צוֹלֶלֶת (נ)
Torpedo (m)	tor'pedo	טוֹרְפֶּדוֹ (ז)
Rakete (f)	til	טִיל (ז)

laden (Gewehr)	lit'on	לִטְעוֹן
schießen (vi)	lirot	לִירוֹת
zielen auf …	lexaven	לְכַוֵּון
Bajonett (n)	kidon	כִּידוֹן (ז)

Degen (m)	'xerev	חֶרֶב (נ)
Säbel (m)	'xerev paraſim	חֶרֶב פָּרָשִׁים (ז)
Speer (m)	xanit	חֲנִית (נ)
Bogen (m)	'keſet	קֶשֶׁת (נ)
Pfeil (m)	xets	חֵץ (ז)
Muskete (f)	musket	מוּסְקֶט (ז)
Armbrust (f)	'keſet metsu'levet	קֶשֶׁת מְצוּלֶבֶת (נ)

115. Menschen der Antike

vorzeitlich	kadmon	קַדְמוֹן
prähistorisch	prehis'tori	פְּרֶהִיסְטוֹרִי
alt (antik)	atik	עָתִיק
Steinzeit (f)	idan ha''even	עִידָן הָאֶבֶן (ז)
Bronzezeit (f)	idan ha'arad	עִידָן הָאָרָד (ז)
Eiszeit (f)	idan ha'keraχ	עִידָן הַקֶּרַח (ז)
Stamm (m)	'ʃevet	שֵׁבֶט (ז)
Kannibale (m)	oχel adam	אוֹכֵל אָדָם (ז)
Jäger (m)	tsayad	צַיָּיד (ז)
jagen (vi)	latsud	לָצוּד
Mammut (n)	ma'muta	מַמּוּתָה (נ)
Höhle (f)	me'ara	מְעָרָה (נ)
Feuer (n)	eʃ	אֵשׁ (נ)
Lagerfeuer (n)	medura	מְדוּרָה (נ)
Höhlenmalerei (f)	pet'roglif	פֶּטְרוֹגְלִיף (ז)
Werkzeug (n)	kli	כְּלִי (ז)
Speer (m)	χanit	חֲנִית (נ)
Steinbeil (n), Steinaxt (f)	garzen ha'even	גַּרְזֶן הָאֶבֶן (ז)
Krieg führen	lehilaχem	לְהִילָחֵם
domestizieren (vt)	levayet	לְבַיֵּית
Idol (n)	'pesel	פֶּסֶל (ז)
anbeten (vt)	la'avod et	לַעֲבוֹד אֶת
Aberglaube (m)	emuna tfela	אֱמוּנָה תְּפֵלָה (נ)
Brauch (m), Ritus (m)	'tekes	טֶקֶס (ז)
Evolution (f)	evo'lutsya	אֲבוֹלוּצְיָה (נ)
Entwicklung (f)	hitpatχut	הִתְפַּתְּחוּת (נ)
Verschwinden (n)	he'almut	הֵיעָלְמוּת (נ)
sich anpassen	lehistagel	לְהִסְתַּגֵּל
Archäologie (f)	arχe'o'logya	אַרְכֵיאוֹלוֹגְיָה (נ)
Archäologe (m)	arχe'olog	אַרְכֵיאוֹלוֹג (ז)
archäologisch	arχe'o'logi	אַרְכֵיאוֹלוֹגִי
Ausgrabungsstätte (f)	atar χafirot	אֲתַר חֲפִירוֹת (ז)
Ausgrabungen (pl)	χafirot	חֲפִירוֹת (נ״ר)
Fund (m)	mimtsa	מִמְצָא (ז)
Fragment (n)	resis	רְסִיס (ז)

116. Mittelalter

Volk (n)	am	עַם (ז)
Völker (pl)	amim	עַמִּים (ז״ר)
Stamm (m)	'ʃevet	שֵׁבֶט (ז)
Stämme (pl)	ʃvatim	שְׁבָטִים (ז״ר)
Barbaren (pl)	bar'barim	בַּרְבָּרִים (ז״ר)

Gallier (pl)	'galim	גָּאלִים (ז״ר)
Goten (pl)	'gotim	גוֹתִים (ז״ר)
Slawen (pl)	'slavim	סלָאבִים (ז״ר)
Wikinger (pl)	'vikingim	וִיקִינגִים (ז״ר)
Römer (pl)	roma'im	רוֹמָאִים (ז״ר)
römisch	'romi	רוֹמִי
Byzantiner (pl)	bi'zantim	בִּיזַנטִים (ז״ר)
Byzanz (n)	bizantion, bizants	בִּיזַנטִיוֹן, בִּיזַנץ (נ)
byzantinisch	bi'zanti	בִּיזַנטִי
Kaiser (m)	keisar	קֵיסָר (ז)
Häuptling (m)	manhig	מַנהִיג (ז)
mächtig (Kaiser usw.)	rav 'koaχ	רַב־כּוֹחַ
König (m)	'meleχ	מֶלֶך (ז)
Herrscher (Monarch)	ʃalit	שַׁלִּיט (ז)
Ritter (m)	abir	אַבִּיר (ז)
Feudalherr (m)	fe'odal	פֵיאוֹדָל (ז)
feudal, Feudal-	fe'o'dali	פֵיאוֹדָלִי
Vasall (m)	vasal	וָסָל (ז)
Herzog (m)	dukas	דוּכָּס (ז)
Graf (m)	rozen	רוֹזֵן (ז)
Baron (m)	baron	בָּרוֹן (ז)
Bischof (m)	'biʃof	בִּישׁוֹף (ז)
Rüstung (f)	ʃiryon	שִׁריוֹן (ז)
Schild (m)	magen	מָגֵן (ז)
Schwert (n)	'χerev	חֶרֶב (נ)
Visier (n)	magen panim	מָגֵן פָּנִים (ז)
Panzerhemd (n)	ʃiryon kaskasim	שִׁריוֹן קַשׂקַשִׂים (ז)
Kreuzzug (m)	masa tslav	מַסַּע צלָב (ז)
Kreuzritter (m)	tsalban	צַלבָּן (ז)
Territorium (n)	'ʃetaχ	שֶׁטַח (ז)
einfallen (vi)	litkof	לִתקוֹף
erobern (vt)	liχboʃ	לִכבּוֹשׁ
besetzen (Land usw.)	lehiʃtalet	לְהִשׁתַּלֵט
Belagerung (f)	matsor	מָצוֹר (ז)
belagert	natsur	נָצוּר
belagern (vt)	latsur	לָצוּר
Inquisition (f)	inkvi'zitsya	אִינקוִוזִיציָה (נ)
Inquisitor (m)	inkvi'zitor	אִינקוִוזִיטוֹר (ז)
Folter (f)	inui	עִינוּי (ז)
grausam (-e Folter)	aχzari	אַכזָרִי
Häretiker (m)	kofer	כּוֹפֵר (ז)
Häresie (f)	kfira	כּפִירָה (נ)
Seefahrt (f)	haflaga bayam	הַפלָגָה בַּיָם (נ)
Seeräuber (m)	ʃoded yam	שׁוֹדֵד יָם (ז)
Seeräuberei (f)	pi'ratiyut	פִּירָטִיוּת (נ)

Enterung (f)	la'alot al	לַעֲלוֹת עַל
Beute (f)	ʃalal	שָׁלָל (ז)
Schätze (pl)	otsarot	אוֹצָרוֹת (ז"ר)
Entdeckung (f)	taglit	תַגלִית (נ)
entdecken (vt)	legalot	לְגַלוֹת
Expedition (f)	miʃlaχat	מִשלַחַת (נ)
Musketier (m)	musketer	מוּסקֶטֶר (ז)
Kardinal (m)	χaʃman	חַשמָן (ז)
Heraldik (f)	he'raldika	הָכַלדִיקָה (נ)
heraldisch	he'raldi	הֶרַלדִי

117. Führungspersonen. Chef. Behörden

König (m)	'meleχ	מֶלֶך (ז)
Königin (f)	malka	מַלכָּה (נ)
königlich	malχuti	מַלכוּתִי
Königreich (n)	mamlaχa	מַמלָכָה (נ)
Prinz (m)	nasiχ	נָסִיך (ז)
Prinzessin (f)	nesiχa	נְסִיכָה (נ)
Präsident (m)	nasi	נָשִׂיא (ז)
Vizepräsident (m)	sgan nasi	סגַן נָשִׂיא (ז)
Senator (m)	se'nator	סֶנָאטוֹר (ז)
Monarch (m)	'meleχ	מֶלֶך (ז)
Herrscher (m)	ʃalit	שַלִיט (ז)
Diktator (m)	rodan	רוֹדָן (ז)
Tyrann (m)	aruts	עָרוּץ (ז)
Magnat (m)	eil hon	אֵיל הוֹן (ז)
Direktor (m)	menahel	מְנַהֵל (ז)
Chef (m)	menahel, roʃ	מְנַהֵל (ז), רֹאש (ז)
Leiter (einer Abteilung)	menahel	מְנַהֵל (ז)
Boss (m)	bos	בּוֹס (ז)
Eigentümer (m)	'ba'al	בַּעַל (ז)
Führer (m)	manhig	מַנהִיג (ז)
Leiter (Delegations-)	roʃ	רֹאש (ז)
Behörden (pl)	ʃiltonot	שִלטוֹנוֹת (ז"ר)
Vorgesetzten (pl)	memunim	מְמוּנִים (ז"ר)
Gouverneur (m)	moʃel	מוֹשֵל (ז)
Konsul (m)	'konsul	קוֹנסוּל (ז)
Diplomat (m)	diplomat	דִיפלוֹמָט (ז)
Bürgermeister (m)	roʃ ha'ir	רֹאש הָעִיר (ז)
Sheriff (m)	ʃerif	שֶרִיף (ז)
Kaiser (m)	keisar	קֵיסָר (ז)
Zar (m)	tsar	צָאר (ז)
Pharao (m)	par'o	פַרעֹה (ז)
Khan (m)	χan	חָאן (ז)

118. Gesetzesverstoß Verbrecher. Teil 1

Bandit (m)	ʃoded	שׁוֹדֵד (ז)
Verbrechen (n)	'peʃa	פֶּשַׁע (ז)
Verbrecher (m)	po'ʃe'a	פּוֹשֵׁעַ (ז)
Dieb (m)	ganav	גַּנָב (ז)
stehlen (vt)	lignov	לִגְנוֹב
Diebstahl (Aktivität)	gneva	גְנֵיבָה (נ)
Stehlen (n)	gneva	גְנֵיבָה (נ)
kidnappen (vt)	laxatof	לַחֲטוֹף
Kidnapping (n)	xatifa	חֲטִיפָה (נ)
Kidnapper (m)	xotef	חוֹטֵף (ז)
Lösegeld (n)	'kofer	כּוֹפֶר (ז)
Lösegeld verlangen	lidroʃ 'kofer	לִדרוֹש כּוֹפֶר
rauben (vt)	liʃdod	לִשדוֹד
Raub (m)	ʃod	שׁוֹד (ז)
Räuber (m)	ʃoded	שׁוֹדֵד (ז)
erpressen (vt)	lisxot	לִסחוֹט
Erpresser (m)	saxtan	סַחטָן (ז)
Erpressung (f)	saxtanut	סַחטָנוּת (נ)
morden (vt)	lir'tsoax	לִרצוֹחַ
Mord (m)	'retsax	רֶצַח (ז)
Mörder (m)	ro'tseax	רוֹצֵחַ (ז)
Schuss (m)	yeriya	יְרִייָה (נ)
schießen (vt)	lirot	לִירוֹת
erschießen (vt)	lirot la'mavet	לִירוֹת לַמָווֶת
feuern (vi)	lirot	לִירוֹת
Schießerei (f)	'yeri	יְרִי (ז)
Vorfall (m)	takrit	תַקרִית (נ)
Schlägerei (f)	ktata	קְטָטָה (נ)
Hilfe!	ha'tsilu!	הַצִילוּ!
Opfer (n)	nifga	נִפגָע (ז)
beschädigen (vt)	lekalkel	לְקַלקֵל
Schaden (m)	'nezek	נֶזֶק (ז)
Leiche (f)	gufa	גוּפָה (נ)
schwer (-es Verbrechen)	xamur	חָמוּר
angreifen (vt)	litkof	לִתקוֹף
schlagen (vt)	lehakot	לְהַכּוֹת
verprügeln (vt)	lehakot	לְהַכּוֹת
wegnehmen (vt)	la'kaxat be'koax	לָקַחַת בְּכוֹחַ
erstechen (vt)	lidkor le'mavet	לִדקוֹר לְמָווֶת
verstümmeln (vt)	lehatil mum	לְהַטִיל מוּם
verwunden (vt)	lif'tso'a	לִפצוֹעַ
Erpressung (f)	saxtanut	סַחטָנוּת (נ)
erpressen (vt)	lisxot	לִסחוֹט

Erpresser (m)	saxtan	סַחְטָן (ז)
Schutzgelderpressung (f)	dmei xasut	דְּמֵי חָסוּת (ז"ר)
Erpresser (Racketeer)	gove xasut	גּוֹבֶה חָסוּת (ז)
Gangster (m)	'gangster	גַּנגְסטֶר (ז)
Mafia (f)	'mafya	מַאפיָה (נ)
Taschendieb (m)	kayas	כַּיָּס (ז)
Einbrecher (m)	porets	פּוֹרֵץ (ז)
Schmuggel (m)	havraxa	הַברָחָה (נ)
Schmuggler (m)	mav'riax	מַברִיחַ (ז)
Fälschung (f)	ziyuf	זִיּוּף (ז)
fälschen (vt)	lezayef	לְזַיֵּיף
gefälscht	mezuyaf	מְזוּיָף

119. Gesetzesbruch. Verbrecher. Teil 2

Vergewaltigung (f)	'ones	אוֹנֶס (ז)
vergewaltigen (vt)	le'enos	לֶאֱנוֹס
Gewalttäter (m)	anas	אַנָּס (ז)
Besessene (m)	'manyak	מַניָאק (ז)
Prostituierte (f)	zona	זוֹנָה (נ)
Prostitution (f)	znut	זנוּת (נ)
Zuhälter (m)	sarsur	סַרסוּר (ז)
Drogenabhängiger (m)	narkoman	נַרקוֹמָן (ז)
Drogenhändler (m)	soxer samim	סוֹחֵר סַמִּים (ז)
sprengen (vt)	lefotsets	לְפוֹצֵץ
Explosion (f)	pitsuts	פִּיצוּץ (ז)
in Brand stecken	lehatsit	לְהַצִּית
Brandstifter (m)	matsit	מַצִּית (ז)
Terrorismus (m)	terorizm	טֶרוֹרִיזם (ז)
Terrorist (m)	mexabel	מְחַבֵּל (ז)
Geisel (m, f)	ben aruba	בֶּן עֲרוּבָּה (ז)
betrügen (vt)	lehonot	לְהוֹנוֹת
Betrug (m)	hona'a	הוֹנָאָה (נ)
Betrüger (m)	ramai	רַמַּאי (ז)
bestechen (vt)	lefaxed	לְשַׁחֵד
Bestechlichkeit (f)	'foxad	שׁוֹחַד (ז)
Bestechungsgeld (n)	'foxad	שׁוֹחַד (ז)
Gift (n)	'ra'al	רַעַל (ז)
vergiften (vt)	lehar'il	לְהַרעִיל
sich vergiften	lehar'il et atsmo	לְהַרעִיל אֶת עַצמוֹ
Selbstmord (m)	hit'abdut	הִתאַבּדוּת (נ)
Selbstmörder (m)	mit'abed	מִתאַבֵּד (ז)
drohen (vi)	le'ayem	לְאַיֵּים
Drohung (f)	iyum	אִיּוּם (ז)

versuchen (vt)	lehitnakeʃ	לְהִתְנַקֵּשׁ
Attentat (n)	nisayon hitnakʃut	נִיסָיוֹן הִתְנַקְּשׁוּת (ז)
stehlen (Auto ~)	lignov	לִגְנוֹב
entführen (Flugzeug ~)	laxatof matos	לַחְטוֹף מָטוֹס
Rache (f)	nekama	נְקָמָה (נ)
sich rächen	linkom	לִנְקוֹם
foltern (vt)	la'anot	לְעַנּוֹת
Folter (f)	inui	עִינּוּי (ז)
quälen (vt)	leyaser	לְיַיסֵּר
Seeräuber (m)	ʃoded yam	שׁוֹדֵד יָם (ז)
Rowdy (m)	xuligan	חוּלִיגָאן (ז)
bewaffnet	mezuyan	מְזוּיָן
Gewalt (f)	alimut	אֲלִימוּת (נ)
ungesetzlich	'bilti le'gali	בִּלְתִּי לֶגָלִי
Spionage (f)	rigul	רִיגּוּל (ז)
spionieren (vi)	leragel	לְרַגֵּל

120. Polizei Recht. Teil 1

Justiz (f)	'tsedek	צֶדֶק (ז)
Gericht (n)	beit miʃpat	בֵּית מִשְׁפָּט (ז)
Richter (m)	ʃofet	שׁוֹפֵט (ז)
Geschworenen (pl)	muʃba'im	מוּשְׁבָּעִים (ז"ר)
Geschworenengericht (n)	xaver muʃba'im	חָבֵר מוּשְׁבָּעִים (ז)
richten (vt)	liʃpot	לִשְׁפּוֹט
Rechtsanwalt (m)	orex din	עוֹרֵךְ דִּין (ז)
Angeklagte (m)	omed lemiʃpat	עוֹמֵד לְמִשְׁפָּט (ז)
Anklagebank (f)	safsal ne'eʃamim	סַפְסָל נֶאֱשָׁמִים (ז)
Anklage (f)	ha'aʃama	הַאֲשָׁמָה (נ)
Beschuldigte (m)	ne'eʃam	נֶאֱשָׁם (ז)
Urteil (n)	gzar din	גְּזַר דִּין (ז)
verurteilen (vt)	lifsok	לִפְסוֹק
Schuldige (m)	aʃem	אָשֵׁם (ז)
bestrafen (vt)	leha'aniʃ	לְהַעֲנִישׁ
Strafe (f)	'oneʃ	עוֹנֶשׁ (ז)
Geldstrafe (f)	knas	קְנָס (ז)
lebenslange Haft (f)	ma'asar olam	מַאֲסַר עוֹלָם (ז)
Todesstrafe (f)	'oneʃ 'mavet	עוֹנֶשׁ מָוֶת (ז)
elektrischer Stuhl (m)	kise xaʃmali	כִּיסֵּא חַשְׁמַלִי (ז)
Galgen (m)	gardom	גַּרְדּוֹם (ז)
hinrichten (vt)	lehotsi la'horeg	לְהוֹצִיא לַהוֹרֵג
Hinrichtung (f)	hatsa'a le'horeg	הוֹצָאָה לַהוֹרֵג (נ)

Gefängnis (n)	beit 'sohar	בֵּית סוֹהַר (ז)
Zelle (f)	ta	תָּא (ז)
Eskorte (f)	miʃmar livui	מִשְׁמָר לִיוּוּי (ז)
Gefängniswärter (m)	soher	סוֹהֵר (ז)
Gefangene (m)	asir	אָסִיר (ז)
Handschellen (pl)	azikim	אֲזִיקִים (ז"ר)
Handschellen anlegen	liχbol be'azikim	לִכְבּוֹל בָּאֲזִיקִים
Ausbruch (Flucht)	briχa	בְּרִיחָה (נ)
ausbrechen (vi)	liv'roaχ	לִבְרוֹחַ
verschwinden (vi)	lehe'alem	לְהֵיעָלֵם
aus ... entlassen	leʃaχrer	לְשַׁחְרֵר
Amnestie (f)	χanina	חֲנִינָה (נ)
Polizei (f)	miʃtara	מִשְׁטָרָה (נ)
Polizist (m)	ʃoter	שׁוֹטֵר (ז)
Polizeiwache (f)	taχanat miʃtara	תַּחֲנַת מִשְׁטָרָה (נ)
Gummiknüppel (m)	ala	אַלָּה (נ)
Sprachrohr (n)	megafon	מֶגָפוֹן (ז)
Streifenwagen (m)	na'yedet	נַיֶּידֶת (נ)
Sirene (f)	tsofar	צוֹפָר (ז)
die Sirene einschalten	lehaf'il tsofar	לְהַפְעִיל צוֹפָר
Sirenengeheul (n)	tsfira	צְפִירָה (נ)
Tatort (m)	zirat 'peʃa	זִירַת פֶּשַׁע (נ)
Zeuge (m)	ed	עֵד (ז)
Freiheit (f)	'χofeʃ	חוֹפֶשׁ (ז)
Komplize (m)	ʃutaf	שׁוּתָף (ז)
verschwinden (vi)	lehiχave	לְהֵיחָבֵא
Spur (f)	akev	עָקֵב (ז)

121. Polizei. Recht. Teil 2

Fahndung (f)	χipus	חִיפּוּשׂ (ז)
suchen (vt)	leχapes	לְחַפֵּשׂ
Verdacht (m)	χaʃad	חָשָׁד (ז)
verdächtig (Adj)	χaʃud	חָשׁוּד
anhalten (Polizei)	la'atsor	לַעֲצוֹר
verhaften (vt)	la'atsor	לַעֲצוֹר
Fall (m), Klage (f)	tik	תִּיק (ז)
Untersuchung (f)	χakira	חֲקִירָה (נ)
Detektiv (m)	balaʃ	בַּלָּשׁ (ז)
Ermittlungsrichter (m)	χoker	חוֹקֵר (ז)
Version (f)	haʃ'ara	הַשְׁעָרָה (נ)
Motiv (n)	me'ni'a	מֵנִיעַ (ז)
Verhör (n)	χakira	חֲקִירָה (נ)
verhören (vt)	laχkor	לַחְקוֹר
vernehmen (vt)	letaʃel	לְתַשְׁאֵל
Kontrolle (Personen-)	bdika	בְּדִיקָה (נ)

Razzia (f)	matsod	מַצּוֹד (ז)
Durchsuchung (f)	xipus	חִיפּוּשׂ (ז)
Verfolgung (f)	mirdaf	מִרְדָּף (ז)
nachjagen (vi)	lirdof axarei	לִרְדּוֹף אַחֲרֵי
verfolgen (vt)	laʿakov axarei	לַעֲקוֹב אַחֲרֵי
Verhaftung (f)	ma'asar	מַאֲסָר (ז)
verhaften (vt)	le'esor	לֶאֱסוֹר
fangen (vt)	lilkod	לִלְכּוֹד
Festnahme (f)	lexida	לְכִידָה (נ)
Dokument (n)	mismax	מִסְמָךְ (ז)
Beweis (m)	hoxaxa	הוֹכָחָה (נ)
beweisen (vt)	leho'xiax	לְהוֹכִיחַ
Fußspur (f)	akev	עָקֵב (ז)
Fingerabdrücke (pl)	tviʿot etsbaʿot	טְבִיעוֹת אֶצְבָּעוֹת (נ״ר)
Beweisstück (n)	re'aya	רְאָיָה (נ)
Alibi (n)	'alibi	אֲלִיבִּי (ז)
unschuldig	xaf mi'peʃa	חַף מִפֶּשַׁע
Ungerechtigkeit (f)	i 'tsedek	אִי צֶדֶק (ז)
ungerecht	lo tsodek	לֹא צוֹדֵק
Kriminal-	plili	פְּלִילִי
beschlagnahmen (vt)	lehaxrim	לְהַחְרִים
Droge (f)	sam	סַם (ז)
Waffe (f)	'neʃek	נֶשֶׁק (ז)
entwaffnen (vt)	lifrok mi'neʃek	לִפְרוֹק מִנֶּשֶׁק
befehlen (vt)	lifkod	לִפְקוֹד
verschwinden (vi)	lehe'alem	לְהֵיעָלֵם
Gesetz (n)	xok	חוֹק (ז)
gesetzlich	xuki	חוּקִי
ungesetzlich	'bilti xuki	בִּלְתִּי חוּקִי
Verantwortlichkeit (f)	axrayut	אַחֲרָיוּת (נ)
verantwortlich	axrai	אַחֲרַאי

NATUR

Die Erde. Teil 1

122. Weltall

Kosmos (m)	χalal	חָלָל (ז)
kosmisch, Raum-	ʃel χalal	שֶׁל חָלָל
Weltraum (m)	χalal χitson	חָלָל חִיצוֹן (ז)
All (n)	olam	עוֹלָם (ז)
Universum (n)	yekum	יְקוּם (ז)
Galaxie (f)	ga'laksya	גָלָקסִיָה (נ)
Stern (m)	koχav	כּוֹכָב (ז)
Gestirn (n)	tsvir koχavim	צבִיר כּוֹכָבִים (ז)
Planet (m)	koχav 'leχet	כּוֹכָב לֶכֶת (ז)
Satellit (m)	lavyan	לַוויָן (ז)
Meteorit (m)	mete'orit	מֶטֶאוֹרִית (ז)
Komet (m)	koχav ʃavit	כּוֹכָב שָׁבִיט (ז)
Asteroid (m)	aste'ro'id	אַסטרוֹאִיד (ז)
Umlaufbahn (f)	maslul	מַסלוּל (ז)
sich drehen	lesovev	לסוֹבֵב
Atmosphäre (f)	atmos'fera	אַטמוֹספֶרָה (נ)
Sonne (f)	'ʃemeʃ	שֶׁמֶשׁ (נ)
Sonnensystem (n)	ma'a'reχet ha'ʃemeʃ	מַעֲרֶכֶת הַשֶׁמֶשׁ (נ)
Sonnenfinsternis (f)	likui χama	לִיקוּי חַמָה (ז)
Erde (f)	kadur ha''arets	כַּדוּר הָאָרֶץ (ז)
Mond (m)	ya'reaχ	יָרֵחַ (ז)
Mars (m)	ma'adim	מַאֲדִים (ז)
Venus (f)	'noga	נוֹגָה (ז)
Jupiter (m)	'tsedek	צֶדֶק (ז)
Saturn (m)	ʃabtai	שַׁבּתַאי (ז)
Merkur (m)	koχav χama	כּוֹכָב חַמָה (ז)
Uran (m)	u'ranus	אוּרָנוּס (ז)
Neptun (m)	neptun	נֶפּטוּן (ז)
Pluto (m)	'pluto	פלוּטוֹ (ז)
Milchstraße (f)	ʃvil haχalav	שבִיל הֶחָלָב (ז)
Der Große Bär	duba gdola	דוּבָּה גדוֹלָה (נ)
Polarstern (m)	koχav hatsafon	כּוֹכָב הַצָפוֹן (ז)
Marsbewohner (m)	toʃav ma'adim	תוֹשָׁב מַאֲדִים (ז)
Außerirdischer (m)	χutsan	חוּצָן (ז)

außerirdisches Wesen (n)	xaizar	חַיְזָר (ז)
fliegende Untertasse (f)	tsa'laxat me'o'fefet	צַלַּחַת מְעוֹפֶפֶת (נ)
Raumschiff (n)	xalalit	חֲלָלִית (נ)
Raumstation (f)	taxanat xalal	תַּחֲנַת חָלָל (נ)
Raketenstart (m)	hamra'a	הַמְרָאָה (נ)
Triebwerk (n)	ma'no'a	מָנוֹעַ (ז)
Düse (f)	nexir	נְחִיר (ז)
Treibstoff (m)	'delek	דֶּלֶק (ז)
Kabine (f)	'kokpit	קוֹקְפִּיט (ז)
Antenne (f)	an'tena	אַנְטֶנָה (נ)
Bullauge (n)	eʃnav	אֶשְׁנָב (ז)
Sonnenbatterie (f)	'luax so'lari	לוּחַ סוֹלָרִי (ז)
Raumanzug (m)	xalifat xalal	חֲלִיפַת חָלָל (נ)
Schwerelosigkeit (f)	'xoser miʃkal	חוֹסֶר מִשְׁקָל (ז)
Sauerstoff (m)	xamtsan	חַמְצָן (ז)
Ankopplung (f)	agina	עֲגִינָה (נ)
koppeln (vi)	la'agon	לַעֲגוֹן
Observatorium (n)	mitspe koxavim	מִצְפֵּה כּוֹכָבִים (ז)
Teleskop (n)	teleskop	טֶלֶסְקוֹפּ (ז)
beobachten (vt)	litspot, lehaʃkif	לִצְפּוֹת, לְהַשְׁקִיף
erforschen (vt)	laxkor	לַחְקוֹר

123. Die Erde

Erde (f)	kadur ha''arets	כַּדּוּר הָאָרֶץ (ז)
Erdkugel (f)	kadur ha''arets	כַּדּוּר הָאָרֶץ (ז)
Planet (m)	koxav 'lexet	כּוֹכַב לֶכֶת (ז)
Atmosphäre (f)	atmos'fera	אַטְמוֹסְפֵרָה (נ)
Geographie (f)	ge'o'grafya	גֵּיאוֹגְרַפְיָה (נ)
Natur (f)	'teva	טֶבַע (ז)
Globus (m)	'globus	גְּלוֹבּוּס (ז)
Landkarte (f)	mapa	מַפָּה (נ)
Atlas (m)	'atlas	אַטְלָס (ז)
Europa (n)	ei'ropa	אֵירוֹפָּה (נ)
Asien (n)	'asya	אַסְיָה (נ)
Afrika (n)	'afrika	אַפְרִיקָה (נ)
Australien (n)	ost'ralya	אוֹסְטְרַלְיָה (נ)
Amerika (n)	a'merika	אָמֶרִיקָה (נ)
Nordamerika (n)	a'merika hatsfonit	אָמֶרִיקָה הַצְּפוֹנִית (נ)
Südamerika (n)	a'merika hadromit	אָמֶרִיקָה הַדְּרוֹמִית (נ)
Antarktis (f)	ya'beʃet an'tarktika	יַבֶּשֶׁת אַנְטְאַרְקְטִיקָה (נ)
Arktis (f)	'arktika	אַרְקְטִיקָה (נ)

124. Himmelsrichtungen

Norden (m)	tsafon	צָפוֹן (ז)
nach Norden	tsa'fona	צָפוֹנָה
im Norden	batsafon	בַּצָפוֹן
nördlich	tsfoni	צְפוֹנִי

Süden (m)	darom	דָרוֹם (ז)
nach Süden	da'roma	דָרוֹמָה
im Süden	badarom	בַּדָרוֹם
südlich	dromi	דרוֹמִי

Westen (m)	ma'arav	מַעֲרָב (ז)
nach Westen	ma'a'rava	מַעֲרָבָה
im Westen	bama'arav	בַּמַעֲרָב
westlich, West-	ma'aravi	מַעֲרָבִי

Osten (m)	mizraχ	מִזרָח (ז)
nach Osten	miz'raχa	מִזרָחָה
im Osten	bamizraχ	בַּמִזרָח
östlich	mizraχi	מִזרָחִי

125. Meer. Ozean

Meer (n), See (f)	yam	יָם (ז)
Ozean (m)	ok'yanos	אוֹקיָאנוֹס (ז)
Golf (m)	mifrats	מִפרָץ (ז)
Meerenge (f)	meitsar	מֵיצָר (ז)

Festland (n)	yabaʃa	יַבָּשָה (נ)
Kontinent (m)	ya'beʃet	יַבֶּשֶת (נ)
Insel (f)	i	אִי (ז)
Halbinsel (f)	χatsi i	חָצִי אִי (ז)
Archipel (m)	arχipelag	אַרכִיפֶּלָג (ז)

Bucht (f)	mifrats	מִפרָץ (ז)
Hafen (m)	namal	נָמָל (ז)
Lagune (f)	la'guna	לָגוּנָה (נ)
Kap (n)	kef	כֵּף (ז)

Atoll (n)	atol	אָטוֹל (ז)
Riff (n)	ʃunit	שוּנִית (נ)
Koralle (f)	almog	אַלמוֹג (ז)
Korallenriff (n)	ʃunit almogim	שוּנִית אַלמוֹגִים (נ)

tief (Adj)	amok	עָמוֹק
Tiefe (f)	'omek	עוֹמֶק (ז)
Abgrund (m)	tehom	תְהוֹם (נ)
Graben (m)	maχteʃ	מַכתֵש (ז)

Strom (m)	'zerem	זֶרֶם (ז)
umspülen (vt)	lehakif	לְהַקִיף
Ufer (n)	χof	חוֹף (ז)

Küste (f)	χof yam	חוֹף יָם (ז)
Flut (f)	ge'ut	גֵּאוּת (נ)
Ebbe (f)	'ʃefel	שֶׁפֶל (ז)
Sandbank (f)	sirton	שִׂרְטוֹן (ז)
Boden (m)	karka'it	קַרְקָעִית (נ)
Welle (f)	gal	גַּל (ז)
Wellenkamm (m)	pisgat hagal	פִּסְגַּת הַגַּל (נ)
Schaum (m)	'ketsef	קֶצֶף (ז)
Sturm (m)	sufa	סוּפָה (נ)
Orkan (m)	hurikan	הוֹרִיקָן (ז)
Tsunami (m)	tsu'nami	צוּנָאמִי (ז)
Windstille (f)	'roga	רוֹגַע (ז)
ruhig	ʃalev	שָׁלֵו
Pol (m)	'kotev	קוֹטֶב (ז)
Polar-	kotbi	קוֹטְבִּי
Breite (f)	kav 'roχav	קַו רוֹחַב (ז)
Länge (f)	kav 'oreχ	קַו אוֹרֶךְ (ז)
Breitenkreis (m)	kav 'roχav	קַו רוֹחַב (ז)
Äquator (m)	kav hamaʃve	קַו הַמַּשְׁוֶה (ז)
Himmel (m)	ʃa'mayim	שָׁמַיִם (ז"ר)
Horizont (m)	'ofek	אוֹפֶק (ז)
Luft (f)	avir	אֲוִיר (ז)
Leuchtturm (m)	migdalor	מִגְדַּלּוֹר (ז)
tauchen (vi)	litslol	לִצְלוֹל
versinken (vi)	lit'bo'a	לִטְבּוֹעַ
Schätze (pl)	otsarot	אוֹצָרוֹת (ז"ר)

126. Namen der Meere und Ozeane

Atlantischer Ozean (m)	ha'ok'yanus ha'at'lanti	הָאוֹקְיָינוֹס הָאַטְלַנְטִי (ז)
Indischer Ozean (m)	ha'ok'yanus ha'hodi	הָאוֹקְיָינוֹס הַהוֹדִי (ז)
Pazifischer Ozean (m)	ha'ok'yanus haʃaket	הָאוֹקְיָינוֹס הַשָּׁקֵט (ז)
Arktischer Ozean (m)	ok'yanos ha'keraχ hatsfoni	אוֹקְיָינוֹס הַקֶּרַח הַצְּפוֹנִי (ז)
Schwarzes Meer (n)	hayam haʃaχor	הַיָּם הַשָּׁחוֹר (ז)
Rotes Meer (n)	yam suf	יַם סוּף (ז)
Gelbes Meer (n)	hayam hatsahov	הַיָּם הַצָּהוֹב (ז)
Weißes Meer (n)	hayam halavan	הַיָּם הַלָּבָן (ז)
Kaspisches Meer (n)	hayam ha'kaspi	הַיָּם הַכַּסְפִּי (ז)
Totes Meer (n)	yam ha'melaχ	יַם הַמֶּלַח (ז)
Mittelmeer (n)	hayam hatiχon	הַיָּם הַתִּיכוֹן (ז)
Ägäisches Meer (n)	hayam ha'e'ge'i	הַיָּם הָאֶגֶאִי (ז)
Adriatisches Meer (n)	hayam ha'adri'yati	הַיָּם הָאַדְרִיָּאתִי (ז)
Arabisches Meer (n)	hayam ha'aravi	הַיָּם הָעֲרָבִי (ז)
Japanisches Meer (n)	hayam haya'pani	הַיָּם הַיַּפָּנִי (ז)

Beringmeer (n)	yam 'bering	יַם בֶּרִינג (ז)
Südchinesisches Meer (n)	yam sin hadromi	יַם סִין הַדְּרוֹמִי (ז)
Korallenmeer (n)	yam ha'almogim	יַם הָאַלְמוֹגִים (ז)
Tasmansee (f)	yam tasman	יַם טַסְמַן (ז)
Karibisches Meer (n)	hayam haka'ribi	הַיָם הַקָרִיבִּי (ז)
Barentssee (f)	yam 'barents	ים בָּרֶנְץ (ז)
Karasee (f)	yam 'kara	יַם קָאַרָה (ז)
Nordsee (f)	hayam hatsfoni	הַיַּם הַצְפוֹנִי (ז)
Ostsee (f)	hayam ha'balti	הַיָם הַבַּלְטִי (ז)
Nordmeer (n)	hayam hanor'vegi	הַיָם הַנוֹרבֶּגִי (ז)

127. Berge

Berg (m)	har	הַר (ז)
Gebirgskette (f)	'rexes harim	רֶכֶס הָרִים (ז)
Bergrücken (m)	'rexes har	רֶכֶס הַר (ז)
Gipfel (m)	pisga	פִּסְגָּה (נ)
Spitze (f)	pisga	פִּסְגָּה (נ)
Bergfuß (m)	margelot	מַרְגְלוֹת (נ"ר)
Abhang (m)	midron	מִדרוֹן (ז)
Vulkan (m)	har 'ga'aʃ	הַר גַעַש (ז)
tätiger Vulkan (m)	har 'ga'aʃ pa'il	הַר גַעַש פָּעִיל (ז)
schlafender Vulkan (m)	har 'ga'aʃ radum	הַר גַעַש רָדוּם (ז)
Ausbruch (m)	hitpartsut	הִתפָּרְצוּת (נ)
Krater (m)	lo'a	לוֹעַ (ז)
Magma (n)	megama	מַגמָה (נ)
Lava (f)	'lava	לָאבָה (נ)
glühend heiß (-e Lava)	lohet	לוֹהֵט
Cañon (m)	kanyon	קַניוֹן (ז)
Schlucht (f)	gai	גַיְא (ז)
Spalte (f)	'beka	בֶּקַע (ז)
Abgrund (m) (steiler ~)	tehom	תְהוֹם (נ)
Gebirgspass (m)	ma'avar harim	מַעֲבַר הָרִים (ז)
Plateau (n)	rama	רָמָה (נ)
Fels (m)	tsuk	צוּק (ז)
Hügel (m)	giv'a	גִבעָה (נ)
Gletscher (m)	karxon	קַרחוֹן (ז)
Wasserfall (m)	mapal 'mayim	מַפַּל מַיִם (ז)
Geiser (m)	'geizer	גֵייזֶר (ז)
See (m)	agam	אֲגַם (ז)
Ebene (f)	miʃor	מִישוֹר (ז)
Landschaft (f)	nof	נוֹף (ז)
Echo (n)	hed	הֵד (ז)
Bergsteiger (m)	metapes harim	מְטַפֵּס הָרִים (ז)

Kletterer (m)	metapes sla'im	מְטַפֵּס סְלָעִים (ז)
bezwingen (vt)	lixboʃ	לִכְבּוֹשׁ
Aufstieg (m)	tipus	טִיפּוּס (ז)

128. Namen der Berge

Alpen (pl)	harei ha"alpim	הָרֵי הָאַלְפִּים (ז"ר)
Montblanc (m)	mon blan	מוֹן בְּלָאן (ז)
Pyrenäen (pl)	pire'ne'im	פִּירֶנֶאִים (ז"ר)

Karpaten (pl)	kar'patim	קַרְפָּטִים (ז"ר)
Uralgebirge (n)	harei ural	הָרֵי אוּרָל (ז"ר)
Kaukasus (m)	harei hakavkaz	הָרֵי הַקַוְוקָז (ז"ר)
Elbrus (m)	elbrus	אֶלְבְּרוּס (ז)

Altai (m)	harei altai	הָרֵי אַלְטַאי (ז"ר)
Tian Shan (m)	tyan ʃan	טִיאַן שָׁאן (ז)
Pamir (m)	harei pamir	הָרֵי פָּאמִיר (ז"ר)
Himalaja (m)	harei hehima'laya	הָרֵי הֶהִימָלַאיָה (ז"ר)
Everest (m)	everest	אֶוֶורֶסְט (ז)

| Anden (pl) | harei ha"andim | הָרֵי הָאַנְדִים (ז"ר) |
| Kilimandscharo (m) | kiliman'dʒaro | קִילִימַנְג'רוֹ (ז) |

129. Flüsse

Fluss (m)	nahar	נָהָר (ז)
Quelle (f)	ma'ayan	מַעְיָין (ז)
Flussbett (n)	afik	אָפִיק (ז)
Stromgebiet (n)	agan nahar	אֲגַן נָהָר (ז)
einmünden in ...	lehiʃapex	לְהִישָׁפֵךְ

| Nebenfluss (m) | yuval | יוּבָל (ז) |
| Ufer (n) | xof | חוֹף (ז) |

Strom (m)	'zerem	זֶרֶם (ז)
stromabwärts	bemorad hanahar	בְּמוֹרַד הַנָהָר
stromaufwärts	bema'ale hanahar	בְּמַעֲלֵה הַנָהָר

Überschwemmung (f)	hatsafa	הֲצָפָה (נ)
Hochwasser (n)	ʃitafon	שִׁיטָפוֹן (ז)
aus den Ufern treten	la'alot al gdotav	לַעֲלוֹת עַל גְדוֹתָיו
überfluten (vt)	lehatsif	לְהָצִיף

| Sandbank (f) | sirton | שִׂרְטוֹן (ז) |
| Stromschnelle (f) | 'eʃed | אֶשֶׁד (ז) |

Damm (m)	'sexer	סֶכֶר (ז)
Kanal (m)	te'ala	תְעָלָה (נ)
Stausee (m)	ma'agar 'mayim	מַאֲגַר מַיִם (ז)
Schleuse (f)	ta 'ʃayit	תָא שַׁיִט (ז)
Gewässer (n)	ma'agar 'mayim	מַאֲגַר מַיִם (ז)

Sumpf (m), Moor (n)	bitsa	בִּיצָה (נ)
Marsch (f)	bitsa	בִּיצָה (נ)
Strudel (m)	me'ar'bolet	מְעַרְבּוֹלֶת (נ)
Bach (m)	'naxal	נַחַל (ז)
Trink- (z.B. Trinkwasser)	ʃel ʃtiya	שֶׁל שְׁתִיָּה
Süß- (Wasser)	metukim	מְתוּקִים
Eis (n)	'kerax	קֶרַח (ז)
zufrieren (vi)	likpo	לִקְפּוֹא

130. Namen der Flüsse

Seine (f)	hasen	הַסֶן (ז)
Loire (f)	lu'ar	לוֹאָר (ז)
Themse (f)	'temza	תָמְזָה (נ)
Rhein (m)	hrain	הרַיין (ז)
Donau (f)	da'nuba	דָנוּבָּה (נ)
Wolga (f)	'volga	וֹולְגָה (נ)
Don (m)	nahar don	נְהַר דוֹן (ז)
Lena (f)	'lena	לֶנָה (נ)
Gelber Fluss (m)	hvang ho	הוַונג הוֹ (ז)
Jangtse (m)	yangtse	יַאנגצֶה (ז)
Mekong (m)	mekong	מֶקוֹנג (ז)
Ganges (m)	'ganges	גנגס (ז)
Nil (m)	'nilus	נִילוּס (ז)
Kongo (m)	'kongo	קוֹנגוֹ (ז)
Okavango (m)	ok'vango	אוֹקבַנגוֹ (ז)
Sambesi (m)	zam'bezi	זַמבֶּזִי (ז)
Limpopo (m)	limpopo	לִימפּוֹפוֹ (ז)
Mississippi (m)	misi'sipi	מִיסִיסִיפִּי (ז)

131. Wald

Wald (m)	'ya'ar	יַעַר (ז)
Wald-	ʃel 'ya'ar	שֶׁל יַעַר
Dickicht (n)	avi ha'ya'ar	עֲבִי הַיַעַר (ז)
Gehölz (n)	xurʃa	חוּרשָׁה (נ)
Lichtung (f)	ka'raxat 'ya'ar	קָרַחַת יַעַר (נ)
Dickicht (n)	svax	סְבָךְ (ז)
Gebüsch (n)	'siax	שִׂיחַ (ז)
Fußweg (m)	ʃvil	שבִיל (ז)
Erosionsrinne (f)	'emek tsar	עֵמֶק צַר (ז)
Baum (m)	ets	עֵץ (ז)
Blatt (n)	ale	עָלֶה (ז)

Laub (n)	alva	עָלְוָה (נ)
Laubfall (m)	ʃa'leχet	שַׁלֶּכֶת (נ)
fallen (Blätter)	linʃor	לִנְשׁוֹר
Wipfel (m)	tsa'meret	צַמֶּרֶת (נ)

Zweig (m)	anaf	עָנָף (ז)
Ast (m)	anaf ave	עָנָף עָבֶה (ז)
Knospe (f)	nitsan	נִיצָן (ז)
Nadel (f)	'maχat	מַחַט (נ)
Zapfen (m)	itstrubal	אִצְטְרוּבָּל (ז)

Höhlung (f)	χor ba'ets	חוֹר בָּעֵץ (ז)
Nest (n)	ken	קֵן (ז)
Höhle (f)	meχila	מְחִילָה (נ)

Stamm (m)	'geza	גֶּזַע (ז)
Wurzel (f)	'ʃoreʃ	שׁוֹרֶשׁ (ז)
Rinde (f)	klipa	קְלִיפָּה (נ)
Moos (n)	taχav	טַחַב (ז)

entwurzeln (vt)	la'akor	לַעֲקוֹר
fällen (vt)	liχrot	לִכְרוֹת
abholzen (vt)	levare	לְבָרֵא
Baumstumpf (m)	'gedem	גֶּדֶם (ז)

Lagerfeuer (n)	medura	מְדוּרָה (נ)
Waldbrand (m)	srefa	שְׂרֵיפָה (נ)
löschen (vt)	leχabot	לְכַבּוֹת

Förster (m)	ʃomer 'ya'ar	שׁוֹמֵר יַעַר (ז)
Schutz (m)	ʃmira	שְׁמִירָה (נ)
beschützen (vt)	liʃmor	לִשְׁמוֹר
Wilddieb (m)	tsayad lelo reʃut	צַיָּד לְלֹא רְשׁוּת (ז)
Falle (f)	mal'kodet	מַלְכּוֹדֶת (נ)

sammeln (Pilze ~)	lelaket	לְלַקֵּט
pflücken (Beeren ~)	lelaket	לְלַקֵּט
sich verirren	lit'ot	לִתְעוֹת

132. natürliche Lebensgrundlagen

Naturressourcen (pl)	otsarot 'teva	אוֹצְרוֹת טֶבַע (ז״ר)
Bodenschätze (pl)	mine'ralim	מִינֵרָלִים (ז״ר)
Vorkommen (n)	mirbats	מִרְבָּץ (ז)
Feld (Ölfeld usw.)	mirbats	מִרְבָּץ (ז)

gewinnen (vt)	liχrot	לִכְרוֹת
Gewinnung (f)	kriya	כְּרִיָּה (נ)
Erz (n)	afra	עַפְרָה (נ)
Bergwerk (n)	miχre	מִכְרֶה (ז)
Schacht (m)	pir	פִּיר (ז)
Bergarbeiter (m)	kore	כּוֹרֶה (ז)
Erdgas (n)	gaz	גָּז (ז)
Gasleitung (f)	tsinor gaz	צִנּוֹר גָּז (ז)

Erdöl (n)	neft	נֶפְט (ז)
Erdölleitung (f)	tsinor neft	צִינוֹר נֶפְט (ז)
Ölquelle (f)	be'er neft	בְּאֵר נֶפְט (נ)
Bohrturm (m)	migdal ki'duax	מִגְדַל קִידוּחַ (ז)
Tanker (m)	mexalit	מֵיכָלִית (נ)
Sand (m)	xol	חוֹל (ז)
Kalkstein (m)	'even gir	אֶבֶן גִיר (נ)
Kies (m)	xatsats	חָצָץ (ז)
Torf (m)	kavul	כָּבוּל (ז)
Ton (m)	tit	טִיט (ז)
Kohle (f)	pexam	פֶּחָם (ז)
Eisen (n)	barzel	בַּרְזֶל (ז)
Gold (n)	zahav	זָהָב (ז)
Silber (n)	'kesef	כֶּסֶף (ז)
Nickel (n)	'nikel	נִיקֶל (ז)
Kupfer (n)	ne'xoʃet	נְחוֹשֶׁת (נ)
Zink (n)	avats	אָבָץ (ז)
Mangan (n)	mangan	מַנְגָן (ז)
Quecksilber (n)	kaspit	כַּסְפִּית (נ)
Blei (n)	o'feret	עוֹפֶרֶת (נ)
Mineral (n)	mineral	מִינָרָל (ז)
Kristall (m)	gaviʃ	גָבִישׁ (ז)
Marmor (m)	'ʃayiʃ	שַׁיִשׁ (ז)
Uran (n)	u'ranyum	אוּרָנְיוּם (ז)

Die Erde. Teil 2

133. Wetter

Wetter (n)	'mezeg avir	מֶזֶג אֲוִויר (ז)
Wetterbericht (m)	taχazit 'mezeg ha'avir	תַּחֲזִית מֶזֶג הָאֲוִויר (נ)
Temperatur (f)	tempera'tura	טֶמפֶּרָטוּרָה (נ)
Thermometer (n)	madχom	מַדחוֹם (ז)
Barometer (n)	ba'rometer	בָּרוֹמֶטֶר (ז)
feucht	laχ	לַח
Feuchtigkeit (f)	laχut	לַחוּת (נ)
Hitze (f)	χom	חוֹם (ז)
glutheiß	χam	חַם
ist heiß	χam	חַם
ist warm	χamim	חָמִים
warm (Adj)	χamim	חָמִים
ist kalt	kar	קַר
kalt (Adj)	kar	קַר
Sonne (f)	'ʃemeʃ	שֶׁמֶשׁ (נ)
scheinen (vi)	lizhor	לִזהוֹר
sonnig (Adj)	ʃimʃi	שִׁמשִׁי
aufgehen (vi)	liz'roaχ	לִזרוֹחַ
untergehen (vi)	liʃ'ko'a	לִשׁקוֹעַ
Wolke (f)	anan	עָנָן (ז)
bewölkt, wolkig	me'unan	מְעוּנָן
Regenwolke (f)	av	עָב (ז)
trüb (-er Tag)	sagriri	סַגרִירִי
Regen (m)	'geʃem	גֶשֶׁם (ז)
Es regnet	yored 'geʃem	יוֹרֵד גֶשֶׁם
regnerisch (-er Tag)	gaʃum	גָשׁוּם
nieseln (vi)	letaftef	לְטַפטֵף
strömender Regen (m)	matar	מָטָר (ז)
Regenschauer (m)	mabul	מַבּוּל (ז)
stark (-er Regen)	χazak	חָזָק
Pfütze (f)	ʃlulit	שׁלוּלִית (נ)
nass werden (vi)	lehitratev	לְהִתרַטֵב
Nebel (m)	arapel	עֲרָפֶל (ז)
neblig (-er Tag)	me'urpal	מְעוּרפָּל
Schnee (m)	'ʃeleg	שֶׁלֶג (ז)
Es schneit	yored 'ʃeleg	יוֹרֵד שֶׁלֶג

134. Unwetter Naturkatastrophen

Gewitter (n)	sufat re'amim	סוּפַת רְעָמִים (נ)
Blitz (m)	barak	בָּרָק (ז)
blitzen (vi)	livhok	לִבְהוֹק
Donner (m)	'ra'am	רַעַם (ז)
donnern (vi)	lir'om	לִרְעוֹם
Es donnert	lir'om	לִרְעוֹם
Hagel (m)	barad	בָּרָד (ז)
Es hagelt	yored barad	יוֹרֵד בָּרָד
überfluten (vt)	lehatsif	לְהָצִיף
Überschwemmung (f)	ʃitafon	שִׁיטָפוֹן (ז)
Erdbeben (n)	re'idat adama	רְעִידַת אֲדָמָה (נ)
Erschütterung (f)	re'ida	רְעִידָה (נ)
Epizentrum (n)	moked	מוֹקֵד (ז)
Ausbruch (m)	hitpartsut	הִתְפָּרְצוּת (נ)
Lava (f)	'lava	לָאבָה (נ)
Wirbelsturm (m)	hurikan	הוּרִיקָן (ז)
Tornado (m)	tor'nado	טוֹרְנָדוֹ (ז)
Taifun (m)	taifun	טַייפוּן (ז)
Orkan (m)	hurikan	הוּרִיקָן (ז)
Sturm (m)	sufa	סוּפָה (נ)
Tsunami (m)	tsu'nami	צוּנָאמִי (ז)
Zyklon (m)	tsiklon	צִיקְלוֹן (ז)
Unwetter (n)	sagrir	סַגְרִיר (ז)
Brand (m)	srefa	שְׂרֵיפָה (נ)
Katastrophe (f)	ason	אָסוֹן (ז)
Meteorit (m)	mete'orit	מֶטְאוֹרִיט (ז)
Lawine (f)	ma'polet ʃlagim	מַפּוֹלֶת שְׁלָגִים (נ)
Schneelawine (f)	ma'polet ʃlagim	מַפּוֹלֶת שְׁלָגִים (נ)
Schneegestöber (n)	sufat ʃlagim	סוּפַת שְׁלָגִים (נ)
Schneesturm (m)	sufat ʃlagim	סוּפַת שְׁלָגִים (נ)

Fauna

135. Säugetiere. Raubtiere

Raubtier (n)	χayat 'teref	חַיַּת טֶרֶף (נ)
Tiger (m)	'tigris	טִיגְרִיס (ז)
Löwe (m)	arye	אַרְיֵה (ז)
Wolf (m)	ze'ev	זְאֵב (ז)
Fuchs (m)	ʃu'al	שׁוּעָל (ז)
Jaguar (m)	yagu'ar	יָגוּאָר (ז)
Leopard (m)	namer	נָמֵר (ז)
Gepard (m)	bardelas	בַּרְדְּלָס (ז)
Panther (m)	panter	פַּנְתֵר (ז)
Puma (m)	'puma	פּוּמָה (נ)
Schneeleopard (m)	namer 'ʃeleg	נְמַר שֶׁלֶג (ז)
Luchs (m)	ʃunar	שׁוּנָר (ז)
Kojote (m)	ze'ev ha'aravot	זְאֵב הָעֲרָבוֹת (ז)
Schakal (m)	tan	תַּן (ז)
Hyäne (f)	tsa'vo'a	צָבוֹעַ (ז)

136. Tiere in freier Wildbahn

Tier (n)	'ba'al χayim	בַּעַל חַיִּים (ז)
Bestie (f)	χaya	חַיָּה (נ)
Eichhörnchen (n)	sna'i	סְנָאִי (ז)
Igel (m)	kipod	קִיפּוֹד (ז)
Hase (m)	arnav	אַרְנָב (ז)
Kaninchen (n)	ʃafan	שָׁפָן (ז)
Dachs (m)	girit	גִּירִית (נ)
Waschbär (m)	dvivon	דְּבִיבוֹן (ז)
Hamster (m)	oger	אוֹגֵר (ז)
Murmeltier (n)	mar'mita	מַרְמִיטָה (נ)
Maulwurf (m)	χafar'peret	חֲפַרְפֶּרֶת (נ)
Maus (f)	aχbar	עַכְבָּר (ז)
Ratte (f)	χulda	חוּלְדָּה (נ)
Fledermaus (f)	atalef	עֲטַלֵּף (ז)
Hermelin (n)	hermin	קַרְמִין (ז)
Zobel (m)	tsobel	צוֹבֶּל (ז)
Marder (m)	dalak	דֶּלֶק (ז)
Wiesel (n)	χamus	חָמוּס (ז)
Nerz (m)	χorfan	חוֹרְפָן (ז)

Biber (m)	bone	בּוֹנֶה (ז)
Fischotter (m)	lutra	לוּטְרָה (נ)
Pferd (n)	sus	סוּס (ז)
Elch (m)	ayal hakore	אַיָּל הַקּוֹרֵא (ז)
Hirsch (m)	ayal	אַיָּל (ז)
Kamel (n)	gamal	גָּמָל (ז)
Bison (m)	bizon	בִּיזוֹן (ז)
Wisent (m)	bizon ei'ropi	בִּיזוֹן אֵירוֹפִּי (ז)
Büffel (m)	te'o	תְּאוֹ (ז)
Zebra (n)	'zebra	זֶבְּרָה (נ)
Antilope (f)	anti'lopa	אַנְטִילוֹפָּה (נ)
Reh (n)	ayal hakarmel	אַיָּל הַכַּרְמֶל (ז)
Damhirsch (m)	yaxmur	יַחְמוּר (ז)
Gämse (f)	ya'el	יָעֵל (ז)
Wildschwein (n)	xazir bar	חֲזִיר בָּר (ז)
Wal (m)	livyatan	לִוְיָתָן (ז)
Seehund (m)	'kelev yam	כֶּלֶב יָם (ז)
Walroß (n)	sus yam	סוּס יָם (ז)
Seebär (m)	dov yam	דֹּב יָם (ז)
Delfin (m)	dolfin	דוֹלְפִין (ז)
Bär (m)	dov	דֹּב (ז)
Eisbär (m)	dov 'kotev	דֹּב קוֹטֶב (ז)
Panda (m)	'panda	פַּנְדָּה (נ)
Affe (m)	kof	קוֹף (ז)
Schimpanse (m)	ʃimpanze	שִׁימְפַּנְזֶה (נ)
Orang-Utan (m)	orang utan	אוֹרַנְג־אוּטָן (ז)
Gorilla (m)	go'rila	גּוֹרִילָה (נ)
Makak (m)	makak	מָקָק (ז)
Gibbon (m)	gibon	גִּיבּוֹן (ז)
Elefant (m)	pil	פִּיל (ז)
Nashorn (n)	karnaf	קַרְנַף (ז)
Giraffe (f)	dʒi'rafa	גִּ׳ירָפָה (נ)
Flusspferd (n)	hipopotam	הִיפּוֹפּוֹטָם (ז)
Känguru (n)	'kenguru	קֶנְגּוּרוּ (ז)
Koala (m)	ko"ala	קוֹאָלָה (ז)
Manguste (f)	nemiya	נְמִיָּה (נ)
Chinchilla (n)	tʃin'tʃila	צִ׳ינְצִ׳ילָה (נ)
Stinktier (n)	bo'eʃ	בּוֹאֵשׁ (ז)
Stachelschwein (n)	darban	דַּרְבָּן (ז)

137. Haustiere

Katze (f)	xatula	חֲתוּלָה (נ)
Kater (m)	xatul	חָתוּל (ז)
Hund (m)	'kelev	כֶּלֶב (ז)

Pferd (n)	sus	סוּס (ז)
Hengst (m)	sus harba'a	סוּס הַרְבָּעָה (ז)
Stute (f)	susa	סוּסָה (נ)
Kuh (f)	para	פָּרָה (נ)
Stier (m)	ʃor	שׁוֹר (ז)
Ochse (m)	ʃor	שׁוֹר (ז)
Schaf (n)	kivsa	כִּבְשָׂה (נ)
Widder (m)	'ayil	אַיִל (ז)
Ziege (f)	ez	עֵז (נ)
Ziegenbock (m)	'tayiʃ	תַּיִשׁ (ז)
Esel (m)	χamor	חֲמוֹר (ז)
Maultier (n)	'pered	פֶּרֶד (ז)
Schwein (n)	χazir	חֲזִיר (ז)
Ferkel (n)	χazarzir	חֲזַרְזִיר (ז)
Kaninchen (n)	arnav	אַרְנָב (ז)
Huhn (n)	tarne'golet	תַּרְנְגוֹלֶת (נ)
Hahn (m)	tarnegol	תַּרְנְגוֹל (ז)
Ente (f)	barvaz	בַּרְוָז (ז)
Enterich (m)	barvaz	בַּרְוָז (ז)
Gans (f)	avaz	אֲוָז (ז)
Puter (m)	tarnegol 'hodu	תַּרְנְגוֹל הוֹדוּ (ז)
Pute (f)	tarne'golet 'hodu	תַּרְנְגוֹלֶת הוֹדוּ (נ)
Haustiere (pl)	χayot 'bayit	חַיּוֹת בַּיִת (נ״ר)
zahm	mevuyat	מְבוּיָת
zähmen (vt)	levayet	לְבַיֵּת
züchten (vt)	lehar'bi'a	לְהַרְבִּיעַ
Farm (f)	χava	חַוָּה (נ)
Geflügel (n)	ofot 'bayit	עוֹפוֹת בַּיִת (נ״ר)
Vieh (n)	bakar	בָּקָר (ז)
Herde (f)	'eder	עֵדֶר (ז)
Pferdestall (m)	urva	אוּרְוָה (נ)
Schweinestall (m)	dir χazirim	דִּיר חֲזִירִים (ז)
Kuhstall (m)	'refet	רֶפֶת (נ)
Kaninchenstall (m)	arnaviya	אַרְנְבִיָּה (נ)
Hühnerstall (m)	lul	לוּל (ז)

138. Vögel

Vogel (m)	tsipor	צִיפּוֹר (נ)
Taube (f)	yona	יוֹנָה (נ)
Spatz (m)	dror	דְּרוֹר (ז)
Meise (f)	yargazi	יַרְגָּזִי (ז)
Elster (f)	orev neχalim	עוֹרֵב נְחָלִים (ז)
Rabe (m)	orev ʃaχor	עוֹרֵב שָׁחוֹר (ז)

Krähe (f)	orev afor	עוֹרֵב אָפוֹר (ז)
Dohle (f)	ka'ak	קָאָק (ז)
Saatkrähe (f)	orev hamizra	עוֹרֵב הַמִזְרָח (ז)
Ente (f)	barvaz	בַּרְוָז (ז)
Gans (f)	avaz	אֲוָז (ז)
Fasan (m)	pasyon	פַסְיוֹן (ז)
Adler (m)	'ayit	עַיִט (ז)
Habicht (m)	nets	נֵץ (ז)
Falke (m)	baz	בַּז (ז)
Greif (m)	ozniya	עוֹזְנִיָה (ז)
Kondor (m)	kondor	קוֹנְדוֹר (ז)
Schwan (m)	barbur	בַּרְבּוּר (ז)
Kranich (m)	agur	עָגוּר (ז)
Storch (m)	χasida	חֲסִידָה (נ)
Papagei (m)	'tuki	תוּכִּי (ז)
Kolibri (m)	ko'libri	קוֹלִיבְּרִי (ז)
Pfau (m)	tavas	טַוָס (ז)
Strauß (m)	bat ya'ana	בַּת יַעֲנָה (נ)
Reiher (m)	anafa	אֲנָפָה (נ)
Flamingo (m)	fla'mingo	פְלָמִינְגוֹ (ז)
Pelikan (m)	saknai	שַׂקְנַאי (ז)
Nachtigall (f)	zamir	זָמִיר (ז)
Schwalbe (f)	snunit	סְנוּנִית (נ)
Drossel (f)	kiχli	קִיכְלִי (ז)
Singdrossel (f)	kiχli mezamer	קִיכְלִי מְזַמֵר (ז)
Amsel (f)	kiχli ʃaχor	קִיכְלִי שָׁחוֹר (ז)
Segler (m)	sis	סִיס (ז)
Lerche (f)	efroni	עֶפְרוֹנִי (ז)
Wachtel (f)	slav	שְׂלָיו (ז)
Specht (m)	'neker	נַקָר (ז)
Kuckuck (m)	kukiya	קוּקִיָה (נ)
Eule (f)	yanʃuf	יַנְשׁוּף (ז)
Uhu (m)	'oaχ	אוֹחַ (ז)
Auerhahn (m)	seχvi 'ya'ar	שְׂכְוִי יַעַר (ז)
Birkhahn (m)	seχvi	שְׂכְוִי (ז)
Rebhuhn (n)	χogla	חוֹגְלָה (נ)
Star (m)	zarzir	זַרְזִיר (ז)
Kanarienvogel (m)	ka'narit	קָנָרִית (נ)
Haselhuhn (n)	seχvi haya'arot	שְׂכְוִי הַיְעָרוֹת (ז)
Buchfink (m)	paroʃ	פָרוֹשׁ (ז)
Gimpel (m)	admonit	אַדְמוֹנִית (נ)
Möwe (f)	ʃaχaf	שַׁחַף (ז)
Albatros (m)	albatros	אַלְבַּטְרוֹס (ז)
Pinguin (m)	pingvin	פִּינְגְוִין (ז)

139. Fische. Meerestiere

Brachse (f)	avroma	אַברוֹמָה (נ)
Karpfen (m)	karpiyon	קַרפִּיוֹן (ז)
Barsch (m)	'okunus	אוֹקוּנוּס (ז)
Wels (m)	sfamnun	שׂפַמנוּן (ז)
Hecht (m)	ze'ev 'mayim	זְאֵב מַיִם (ז)
Lachs (m)	'salmon	סַלמוֹן (ז)
Stör (m)	χidkan	חִדקָן (ז)
Hering (m)	ma'liaχ	מָלִיחַ (ז)
atlantische Lachs (m)	iltit	אִילתִית (נ)
Makrele (f)	makarel	מָקָרֶל (ז)
Scholle (f)	dag moʃe ra'benu	דַג מֹשֶה רַבֵּנוּ (ז)
Zander (m)	amnun	אַמנוּן (ז)
Dorsch (m)	ʃibut	שִיבּוּט (ז)
Tunfisch (m)	'tuna	טוּנָה (נ)
Forelle (f)	forel	פוֹרֶל (ז)
Aal (m)	tslofaχ	צלוֹפָח (ז)
Zitterrochen (m)	trisanit	תרִיסָנִית (נ)
Muräne (f)	mo'rena	מוֹרֶנָה (נ)
Piranha (m)	pi'ranya	פִּירַניָה (נ)
Hai (m)	kariʃ	כָּרִיש (ז)
Delfin (m)	dolfin	דוֹלפִין (ז)
Wal (m)	livyatan	לִווייָתָן (ז)
Krabbe (f)	sartan	סַרטָן (ז)
Meduse (f)	me'duza	מֶדוּזָה (נ)
Krake (m)	tamnun	תַמנוּן (ז)
Seestern (m)	koχav yam	כּוֹכַב יָם (ז)
Seeigel (m)	kipod yam	קִיפּוֹד יָם (ז)
Seepferdchen (n)	suson yam	סוּסוֹן יָם (ז)
Auster (f)	tsidpa	צִדפָּה (נ)
Garnele (f)	χasilon	חָסִילוֹן (ז)
Hummer (m)	'lobster	לוֹבּסטֶר (ז)
Languste (f)	'lobster kotsani	לוֹבּסטֶר קוֹצָנִי (ז)

140. Amphibien Reptilien

Schlange (f)	naχaʃ	נָחָש (ז)
Gift-, giftig	arsi	אַרסִי
Viper (f)	'tsefa	צֶפַע (ז)
Kobra (f)	'peten	פֶּתֶן (ז)
Python (m)	piton	פִּיתוֹן (ז)
Boa (f)	χanak	חַנָק (ז)
Ringelnatter (f)	naχaʃ 'mayim	נָחָש מַיִם (ז)

Klapperschlange (f)	ʃfifon	שְׁפִיפוֹן (ז)
Anakonda (f)	ana'konda	אֲנָקוֹנְדָה (נ)
Eidechse (f)	leta'a	לְטָאָה (נ)
Leguan (m)	igu''ana	אִיגוּאָנָה (נ)
Waran (m)	'koaχ	כּוֹחַ (ז)
Salamander (m)	sala'mandra	סָלָמַנְדְרָה (נ)
Chamäleon (n)	zikit	זִיקִית (נ)
Skorpion (m)	akrav	עַקְרָב (ז)
Schildkröte (f)	tsav	צָב (ז)
Frosch (m)	tsfar'de'a	צְפַרְדֵּעַ (נ)
Kröte (f)	karpada	קַרְפָּדָה (נ)
Krokodil (n)	tanin	תַּנִּין (ז)

141. Insekten

Insekt (n)	χarak	חָרָק (ז)
Schmetterling (m)	parpar	פַּרְפַּר (ז)
Ameise (f)	nemala	נְמָלָה (נ)
Fliege (f)	zvuv	זְבוּב (ז)
Mücke (f)	yatuʃ	יַתּוּשׁ (ז)
Käfer (m)	χipuʃit	חִיפּוּשִׁית (נ)
Wespe (f)	tsir'a	צִרְעָה (נ)
Biene (f)	dvora	דְּבוֹרָה (נ)
Hummel (f)	dabur	דָּבּוּר (ז)
Bremse (f)	zvuv hasus	זְבוּב הַסּוּס (ז)
Spinne (f)	akaviʃ	עַכָּבִישׁ (ז)
Spinnennetz (n)	kurei akaviʃ	קוּרֵי עַכָּבִישׁ (ז"ר)
Libelle (f)	ʃapirit	שְׁפִירִית (נ)
Grashüpfer (m)	χagav	חָגָב (ז)
Schmetterling (m)	aʃ	עָשׁ (ז)
Schabe (f)	makak	מַקָּק (ז)
Zecke (f)	kartsiya	קַרְצִיָּה (נ)
Floh (m)	par'oʃ	פַּרְעוֹשׁ (ז)
Kriebelmücke (f)	yavχuʃ	יַבְחוּשׁ (ז)
Heuschrecke (f)	arbe	אַרְבֶּה (ז)
Schnecke (f)	χilazon	חִלָּזוֹן (ז)
Heimchen (n)	tsartsar	צְרָצַר (ז)
Leuchtkäfer (m)	gaχlilit	גַּחְלִילִית (נ)
Marienkäfer (m)	parat moʃe ra'benu	פָּרַת מֹשֶׁה רַבֵּנוּ (נ)
Maikäfer (m)	χipuʃit aviv	חִיפּוּשִׁית אָבִיב (נ)
Blutegel (m)	aluka	עֲלוּקָה (נ)
Raupe (f)	zaχal	זַחַל (ז)
Wurm (m)	to'la'at	תּוֹלַעַת (נ)
Larve (f)	'deren	דֶּרֶן (ז)

Flora

142. Bäume

Baum (m)	ets	עֵץ (ז)
Laub-	naʃir	נָשִׁיר
Nadel-	maxtani	מַחטָנִי
immergrün	yarok ad	יָרוֹק עַד
Apfelbaum (m)	ta'puax	תַפּוּחַ (ז)
Birnbaum (m)	agas	אַגָס (ז)
Süßkirschbaum (m)	gudgedan	גוּדגְדָן (ז)
Sauerkirschbaum (m)	duvdevan	דוּבדְבָן (ז)
Pflaumenbaum (m)	ʃezif	שְׁזִיף (ז)
Birke (f)	ʃadar	שְׁדָר (ז)
Eiche (f)	alon	אַלוֹן (ז)
Linde (f)	'tilya	טִילִיָה (נ)
Espe (f)	aspa	אַספָּה (נ)
Ahorn (m)	'eder	אֶדֶר (ז)
Fichte (f)	a'ʃuax	אַשׁוּחַ (ז)
Kiefer (f)	'oren	אוֹרֶן (ז)
Lärche (f)	arzit	אַרזִית (נ)
Tanne (f)	a'ʃuax	אַשׁוּחַ (ז)
Zeder (f)	'erez	אֶרֶז (ז)
Pappel (f)	tsaftsefa	צַפצָפָה (נ)
Vogelbeerbaum (m)	ben xuzrar	בֶּן־חוּזרָר (ז)
Weide (f)	arava	עֲרָבָה (נ)
Erle (f)	alnus	אַלנוּס (ז)
Buche (f)	aʃur	אָשׁוּר (ז)
Ulme (f)	bu'kitsa	בּוּקִיצָה (נ)
Esche (f)	mela	מֵילָה (נ)
Kastanie (f)	armon	עַרמוֹן (ז)
Magnolie (f)	mag'nolya	מַגנוֹלִיָה (נ)
Palme (f)	'dekel	דֶקֶל (ז)
Zypresse (f)	broʃ	ברוֹשׁ (ז)
Mangrovenbaum (m)	mangrov	מַנגרוֹב (ז)
Baobab (m)	ba'obab	בָּאוֹבָּב (ז)
Eukalyptus (m)	eika'liptus	אֵיקָלִיפּטוּס (ז)
Mammutbaum (m)	sek'voya	סֶקווֹיָה (נ)

143. Büsche

Strauch (m)	'siax	שִׂיחַ (ז)
Gebüsch (n)	'siax	שִׂיחַ (ז)

Weinstock (m)	'gefen	גֶּפֶן (ז)
Weinberg (m)	'kerem	כֶּרֶם (ז)
Himbeerstrauch (m)	'petel	פֶּטֶל (ז)
schwarze Johannisbeere (f)	'siaχ dumdemaniyot ʃχorot	שִׂיחַ דּוּמְדְּמָנִיּוֹת שְׁחוֹרוֹת (ז)
rote Johannisbeere (f)	'siaχ dumdemaniyot adumot	שִׂיחַ דּוּמְדְּמָנִיּוֹת אֲדוּמּוֹת (ז)
Stachelbeerstrauch (m)	χazarzar	חֲזַרְזַר (ז)
Akazie (f)	ʃita	שִׁיטָה (נ)
Berberitze (f)	berberis	בַּרְבֶּרִיס (ז)
Jasmin (m)	yasmin	יַסְמִין (ז)
Wacholder (m)	ar'ar	עַרְעָר (ז)
Rosenstrauch (m)	'siaχ vradim	שִׂיחַ וְרָדִים (ז)
Heckenrose (f)	'vered bar	וֶרֶד בַּר (ז)

144. Obst. Beeren

Frucht (f)	pri	פְּרִי (ז)
Früchte (pl)	perot	פֵּירוֹת (ז"ר)
Apfel (m)	ta'puaχ	תַּפּוּחַ (ז)
Birne (f)	agas	אַגָּס (ז)
Pflaume (f)	ʃezif	שְׁזִיף (ז)
Erdbeere (f)	tut sade	תּוּת שָׂדֶה (ז)
Sauerkirsche (f)	duvdevan	דּוּבְדְּבָן (ז)
Süßkirsche (f)	gudgedan	גּוּדְגְּדָן (ז)
Weintrauben (pl)	anavim	עֲנָבִים (ז"ר)
Himbeere (f)	'petel	פֶּטֶל (ז)
schwarze Johannisbeere (f)	dumdemanit ʃχora	דּוּמְדְּמָנִית שְׁחוֹרָה (נ)
rote Johannisbeere (f)	dumdemanit aduma	דּוּמְדְּמָנִית אֲדוּמָּה (נ)
Stachelbeere (f)	χazarzar	חֲזַרְזַר (ז)
Moosbeere (f)	χamutsit	חֲמוּצִית (נ)
Apfelsine (f)	tapuz	תַּפּוּז (ז)
Mandarine (f)	klemen'tina	קְלֶמֶנְטִינָה (נ)
Ananas (f)	'ananas	אֲנָנָס (ז)
Banane (f)	ba'nana	בַּנָנָה (נ)
Dattel (f)	tamar	תָּמָר (ז)
Zitrone (f)	limon	לִימוֹן (ז)
Aprikose (f)	'miʃmeʃ	מִשְׁמֵשׁ (ז)
Pfirsich (m)	afarsek	אֲפַרְסֵק (ז)
Kiwi (f)	'kivi	קִיוִוי (ז)
Grapefruit (f)	eʃkolit	אֶשְׁכּוֹלִית (נ)
Beere (f)	garger	גַּרְגַּר (ז)
Beeren (pl)	gargerim	גַּרְגְּרִים (ז"ר)
Preiselbeere (f)	uχmanit aduma	אוּכְמָנִית אֲדוּמָּה (נ)
Walderdbeere (f)	tut 'ya'ar	תּוּת יַעַר (ז)
Heidelbeere (f)	uχmanit	אוּכְמָנִית (נ)

145. Blumen. Pflanzen

Blume (f)	'perax	פֶּרַח (ז)
Blumenstrauß (m)	zer	זֵר (ז)
Rose (f)	'vered	וֶרֶד (ז)
Tulpe (f)	tsiv'oni	צִבְעוֹנִי (ז)
Nelke (f)	tsi'poren	צִיפּוֹרֶן (ז)
Gladiole (f)	glad'yola	גְלַדִיוֹלָה (נ)
Kornblume (f)	dganit	דְגָנִיָה (נ)
Glockenblume (f)	pa'amonit	פַּעֲמוֹנִית (נ)
Löwenzahn (m)	ʃinan	שִׁינָן (ז)
Kamille (f)	kamomil	קָמוֹמִיל (ז)
Aloe (f)	alvai	אַלְוַי (ז)
Kaktus (m)	'kaktus	קַקְטוּס (ז)
Gummibaum (m)	'fikus	פִיקוּס (ז)
Lilie (f)	ʃoʃana	שׁוֹשַׁנָה (נ)
Geranie (f)	ge'ranyum	גֶרַנְיוּם (ז)
Hyazinthe (f)	yakinton	יָקִינְטוֹן (ז)
Mimose (f)	mi'moza	מִימוֹזָה (נ)
Narzisse (f)	narkis	נַרְקִיס (ז)
Kapuzinerkresse (f)	'kova hanazir	כּוֹבַע הַנָזִיר (ז)
Orchidee (f)	saxlav	סַחְלָב (ז)
Pfingstrose (f)	admonit	אַדְמוֹנִית (נ)
Veilchen (n)	sigalit	סִיגָלִית (נ)
Stiefmütterchen (n)	amnon vetamar	אַמְנוֹן וְתָמָר (ז)
Vergissmeinnicht (n)	zix'rini	זִכְרִינִי (ז)
Gänseblümchen (n)	marganit	מַרְגָנִית (נ)
Mohn (m)	'pereg	פֶּרֶג (ז)
Hanf (m)	ka'nabis	קָנָאבִּיס (ז)
Minze (f)	'menta	מֶנְתָה (נ)
Maiglöckchen (n)	zivanit	זִיוָנִית (נ)
Schneeglöckchen (n)	ga'lantus	גָלַנְטוּס (ז)
Brennnessel (f)	sirpad	סִרְפָּד (ז)
Sauerampfer (m)	xum'a	חוּמְעָה (נ)
Seerose (f)	nufar	נוּפָר (ז)
Farn (m)	ʃarax	שָׁרָךְ (ז)
Flechte (f)	xazazit	חֲזָזִית (נ)
Gewächshaus (n)	xamama	חֲמָמָה (נ)
Rasen (m)	midʃa'a	מִדְשָׁאָה (נ)
Blumenbeet (n)	arugat praxim	עֲרוּגַת פְּרָחִים (נ)
Pflanze (f)	'tsemax	צֶמַח (ז)
Gras (n)	'deʃe	דֶשֶׁא (ז)
Grashalm (m)	giv'ol 'esev	גִבְעוֹל עֵשֶׂב (ז)

Blatt (n)	ale	עָלֶה (ז)
Blütenblatt (n)	ale ko'teret	עָלֶה כּוֹתֶרֶת (ז)
Stiel (m)	giv'ol	גִבְעוֹל (ז)
Knolle (f)	'pka'at	פְּקַעַת (נ)
Jungpflanze (f)	'nevet	נֶבֶט (ז)
Dorn (m)	kots	קוֹץ (ז)
blühen (vi)	lif'roax	לִפְרוֹחַ
welken (vi)	linbol	לִנְבּוֹל
Geruch (m)	'reax	רֵיחַ (ז)
abschneiden (vt)	ligzom	לִגְזוֹם
pflücken (vt)	liktof	לִקְטוֹף

146. Getreide, Körner

Getreide (n)	tvu'a	תְבוּאָה (נ)
Getreidepflanzen (pl)	dganim	דְגָנִים (ז"ר)
Ähre (f)	ʃi'bolet	שִׁיבּוֹלֶת (נ)
Weizen (m)	xita	חִיטָה (נ)
Roggen (m)	ʃifon	שִׁיפוֹן (ז)
Hafer (m)	ʃi'bolet ʃu'al	שִׁיבּוֹלֶת שׁוּעָל (נ)
Hirse (f)	'doxan	דוֹחַן (ז)
Gerste (f)	se'ora	שְׂעוֹרָה (נ)
Mais (m)	'tiras	תִירָס (ז)
Reis (m)	'orez	אוֹרֶז (ז)
Buchweizen (m)	ku'semet	כּוּסֶמֶת (נ)
Erbse (f)	afuna	אֲפוּנָה (נ)
weiße Bohne (f)	ʃu'it	שְׁעוּעִית (נ)
Sojabohne (f)	'soya	סוֹיָה (נ)
Linse (f)	adaʃim	עֲדָשִׁים (נ"ר)
Bohnen (pl)	pol	פּוֹל (ז)

LÄNDER. NATIONALITÄTEN

147. Westeuropa

Europa (n)	ei'ropa	אֵירוֹפָּה (נ)
Europäische Union (f)	ha'iχud ha'eiro'pe'i	הָאִיחוּד הָאֵירוֹפִּי (ז)
Österreich	'ostriya	אוֹסְטְרִיָה (נ)
Großbritannien	bri'tanya hagdola	בְּרִיטַנְיָה הַגְדוֹלָה (נ)
England	'angliya	אַנגְלִיָה (נ)
Belgien	'belgya	בֶּלגִיָה (נ)
Deutschland	ger'manya	גֶרמַנִיָה (נ)
Niederlande (f)	'holand	הוֹלַנד (נ)
Holland (n)	'holand	הוֹלַנד (נ)
Griechenland	yavan	יָווָן (נ)
Dänemark	'denemark	דֶנֶמַרק (נ)
Irland	'irland	אִירלַנד (נ)
Island	'island	אִיסלַנד (נ)
Spanien	sfarad	סְפָרַד (נ)
Italien	i'talya	אִיטַליָה (נ)
Zypern	kafrisin	קַפרִיסִין (נ)
Malta	'malta	מַלטָה (נ)
Norwegen	nor'vegya	נוֹרבֶגִיָה (נ)
Portugal	portugal	פּוֹרטוּגָל (נ)
Finnland	'finland	פִינלַנד (נ)
Frankreich	tsarfat	צָרפַת (נ)
Schweden	'ʃvedya	שבֶדִיָה (נ)
Schweiz (f)	'ʃvaits	שוַויץ (נ)
Schottland	'skotland	סקוֹטלַנד (נ)
Vatikan (m)	vatikan	וָתִיקָן (ז)
Liechtenstein	liχtenʃtain	לִיכטֶנשטַיין (נ)
Luxemburg	luksemburg	לוּקסֶמבּוּרג (נ)
Monaco	mo'nako	מוֹנָקוֹ (נ)

148. Mittel- und Osteuropa

Albanien	al'banya	אַלבַּניָה (נ)
Bulgarien	bul'garya	בּוּלגַריָה (נ)
Ungarn	hun'garya	הוּנגַריָה (נ)
Lettland	'latviya	לַטבִיָה (נ)
Litauen	'lita	לִיטָא (נ)
Polen	polin	פּוֹלִין (נ)

Rumänien	ro'manya	רוֹמַניָה (נ)
Serbien	'serbya	סֶרבִיָה (נ)
Slowakei (f)	slo'vakya	סלוֹבַקיָה (נ)
Kroatien	kro''atya	קרוֹאָטיָה (נ)
Tschechien	'tʃexya	צֶ'כִיָה (נ)
Estland	es'tonya	אֶסטוֹניָה (נ)
Bosnien und Herzegowina	'bosniya	בּוֹסניָה (נ)
Makedonien	make'donya	מָקֶדוֹניָה (נ)
Slowenien	slo'venya	סלוֹבֶניָה (נ)
Montenegro	monte'negro	מוֹנטֶנֶגרוֹ (נ)

149. Frühere UdSSR Republiken

Aserbaidschan	azerbaidʒan	אָזֶרבַּיגָ'ן (נ)
Armenien	ar'menya	אַרמֶניָה (נ)
Weißrussland	'belarus	בֶּלָרוּס (נ)
Georgien	'gruzya	גרוּזיָה (נ)
Kasachstan	kazaxstan	קָזַחסטָן (נ)
Kirgisien	kirgizstan	קִירגִיזסטָן (נ)
Moldawien	mol'davya	מוֹלדַבִיָה (נ)
Russland	'rusya	רוּסיָה (נ)
Ukraine (f)	uk'rayna	אוּקרָאִינָה (נ)
Tadschikistan	tadʒikistan	טָגִ'יקִיסטָן (נ)
Turkmenistan	turkmenistan	טוּרקמָנִיסטָן (נ)
Usbekistan	uzbekistan	אוּזבֶּקִיסטָן (נ)

150. Asien

Asien	'asya	אַסיָה (נ)
Vietnam	vyetnam	וְיֵיטנָאם (נ)
Indien	'hodu	הוֹדוּ (נ)
Israel	yisra'el	יִשׂרָאֵל (נ)
China	sin	סִין (נ)
Libanon (m)	levanon	לְבָנוֹן (נ)
Mongolei (f)	mon'golya	מוֹנגוֹליָה (נ)
Malaysia	ma'lezya	מָלֶזיָה (נ)
Pakistan	pakistan	פָּקִיסטָן (נ)
Saudi-Arabien	arav hasa'udit	עֲרָב הַסְעוּדִית (נ)
Thailand	'tailand	תַאִילֶנד (נ)
Taiwan	taivan	טַייוָון (נ)
Türkei (f)	'turkiya	טוּרקִיָה (נ)
Japan	yapan	יַפָּן (נ)
Afghanistan	afganistan	אַפגָנִיסטָן (נ)
Bangladesch	bangladeʃ	בַּנגלָדָש (נ)

Indonesien	indo'nezya	אִינְדוֹנֶזְיָה (נ)
Jordanien	yarden	יַרְדֵּן (נ)
Irak	irak	עִירָאק (נ)
Iran	iran	אִירָן (נ)
Kambodscha	kam'bodya	קַמְבּוֹדְיָה (נ)
Kuwait	kuveit	כֻּוֵיִת (נ)
Laos	la'os	לָאוֹס (נ)
Myanmar	miyanmar	מְיַאנְמָר (נ)
Nepal	nepal	נֶפָּאל (נ)
Vereinigten Arabischen Emirate	ixud ha'emi'royot ha'araviyot	אִיחוּד הָאֲמִירוּיוֹת הָעֲרָבִיּוֹת (ז)
Syrien	'surya	סוּרְיָה (נ)
Palästina	falastin	פָלֶסְטִין (נ)
Südkorea	ko'rei'a hadromit	קוֹרֵיאָה הַדְּרוֹמִית (נ)
Nordkorea	ko'rei'a hatsfonit	קוֹרֵיאָה הַצְּפוֹנִית (נ)

151. Nordamerika

Die Vereinigten Staaten	artsot habrit	אַרְצוֹת הַבְּרִית (נ"ר)
Kanada	'kanada	קָנָדָה (נ)
Mexiko	'meksiko	מֶקְסִיקוֹ (נ)

152. Mittel- und Südamerika

Argentinien	argen'tina	אַרְגֶנְטִינָה (נ)
Brasilien	brazil	בְּרָזִיל (נ)
Kolumbien	ko'lombya	קוֹלוֹמְבְּיָה (נ)
Kuba	'kuba	קוּבָּה (נ)
Chile	'tʃile	צִ׳ילֶה (נ)
Bolivien	bo'livya	בּוֹלִיבְיָה (נ)
Venezuela	venetsu''ela	וֶנֶצוּאֶלָה (נ)
Paraguay	paragvai	פָרָגְוַואי (נ)
Peru	peru	פֶּרוּ (נ)
Suriname	surinam	סוּרִינָאם (נ)
Uruguay	urugvai	אוּרוּגְוַואי (נ)
Ecuador	ekvador	אֶקְוָדוֹר (נ)
Die Bahamas	iyey ba'hama	אִיֵי בָּהָאמָה (ז"ר)
Haiti	ha''iti	הָאִיטִי (נ)
Dominikanische Republik	hare'publika hadomeni'kanit	הָרֶפּוּבְּלִיקָה הַדּוֹמִינִיקָנִית (נ)
Panama	pa'nama	פָּנָמָה (נ)
Jamaika	dʒa'maika	גָ׳מַיְיקָה (נ)

153. Afrika

Ägypten	mits'rayim	מִצְרַיִם (נ)
Marokko	ma'roko	מָרוֹקוֹ (נ)
Tunesien	tu'nisya	טוּנִיסְיָה (נ)
Ghana	'gana	גָאנָה (נ)
Sansibar	zanzibar	זַנזִיבָּר (נ)
Kenia	'kenya	קֶנְיָה (נ)
Libyen	luv	לוּב (נ)
Madagaskar	madagaskar	מָדָגַסְקָר (ז)
Namibia	na'mibya	נָמִיבִּיָה (נ)
Senegal	senegal	סֶנֶגָל (נ)
Tansania	tan'zanya	טַנְזָנְיָה (נ)
Republik Südafrika	drom 'afrika	דְרוֹם אַפְרִיקָה (נ)

154. Australien. Ozeanien

Australien	ost'ralya	אוֹסְטְרַלְיָה (נ)
Neuseeland	nyu 'ziland	נִיוּ זִילַנְד (נ)
Tasmanien	tas'manya	טַסְמַנְיָה (נ)
Französisch-Polynesien	poli'nezya hatsarfatit	פּוֹלִינֶזְיָה הַצָרְפָתִית (נ)

155. Städte

Amsterdam	'amsterdam	אַמְסְטֶרְדָם (נ)
Ankara	ankara	אַנְקָרָה (נ)
Athen	a'tuna	אָתוּנָה (נ)
Bagdad	bagdad	בַּגְדָד (נ)
Bangkok	bangkok	בַּנגקוֹק (נ)
Barcelona	bartse'lona	בַּרְצֶלוֹנָה (נ)
Beirut	beirut	בֵּירוּת (נ)
Berlin	berlin	בֶּרלִין (נ)
Bombay	bombei	בּוֹמְבַּי (נ)
Bonn	bon	בּוֹן (נ)
Bordeaux	bordo	בּוֹרדוֹ (נ)
Bratislava	bratis'lava	בְּרָטִיסְלָאבָה (נ)
Brüssel	brisel	בְּרִיסֶל (נ)
Budapest	'budapeʃt	בּוּדָפֶּשט (נ)
Bukarest	'bukareʃt	בּוּקָרֶשט (נ)
Chicago	ʃi'kago	שִיקָאגוֹ (נ)
Daressalam	dar e salam	דָאר אָ-סָלָאם (נ)
Delhi	'delhi	דֶלְהִי (נ)
Den Haag	hag	הָאג (נ)
Dubai	dubai	דוּבַּאי (נ)
Dublin	'dablin	דַבלִין (נ)

Düsseldorf	'diseldorf	דיסלדורף (נ)
Florenz	fi'rentse	פירנצה (נ)
Frankfurt	'frankfurt	פרנקפורט (נ)
Genf	dʒe'neva	ג'נבה (נ)
Hamburg	'hamburg	המבורג (נ)
Hanoi	hanoi	האנוי (נ)
Havanna	ha'vana	הוואנה (נ)
Helsinki	'helsinki	הלסינקי (נ)
Hiroshima	hiro'ʃima	הירושימה (נ)
Hongkong	hong kong	הונג קונג (נ)
Istanbul	istanbul	איסטנבול (נ)
Jerusalem	yeruʃa'layim	ירושלים (נ)
Kairo	kahir	קהיר (נ)
Kalkutta	kol'kata	קולקטה (נ)
Kiew	'kiyev	קייב (נ)
Kopenhagen	kopen'hagen	קופנהגן (נ)
Kuala Lumpur	ku"ala lumpur	קואלה לומפור (נ)
Lissabon	lisbon	ליסבון (נ)
London	'london	לונדון (נ)
Los Angeles	los 'andʒeles	לוס אנג'לס (נ)
Lyon	li'on	ליאון (נ)
Madrid	madrid	מדריד (נ)
Marseille	marsei	מרסי (נ)
Mexiko-Stadt	'meksiko 'siti	מקסיקו סיטי (נ)
Miami	ma'yami	מיאמי (נ)
Montreal	montri'ol	מונטריאול (נ)
Moskau	'moskva	מוסקבה (נ)
München	'minxen	מינכן (נ)
Nairobi	nai'robi	ניירובי (נ)
Neapel	'napoli	נפולי (נ)
New York	nyu york	ניו יורק (נ)
Nizza	nis	ניס (נ)
Oslo	'oslo	אוסלו (נ)
Ottawa	'otava	אוטווה (נ)
Paris	pariz	פריז (נ)
Peking	beidʒing	בייג'ינג (נ)
Prag	prag	פראג (נ)
Rio de Janeiro	'riyo de ʒa'nero	ריו דה ז'נרו (נ)
Rom	'roma	רומא (נ)
Sankt Petersburg	sant 'petersburg	סנט פטרסבורג (נ)
Schanghai	ʃanxai	שנחאי (נ)
Seoul	se'ul	סאול (נ)
Singapur	singapur	סינגפור (נ)
Stockholm	'stokholm	סטוקהולם (נ)
Sydney	'sidni	סידני (נ)
Taipeh	taipe	טייפה (נ)
Tokio	'tokyo	טוקיו (נ)
Toronto	to'ronto	טורונטו (נ)

Venedig	ve'netsya	וֶנֶצְיָה (נ)
Warschau	'varʃa	וַרְשָׁה (נ)
Washington	'voʃington	ווֹשִׁינגטוֹן (נ)
Wien	'vina	וִינָה (נ)

www.ingramcontent.com/pod-product-compliance
Lightning Source LLC
Chambersburg PA
CBHW070604050426
42450CB00011B/2973